Meninada
da Vila

Stela Greco Loducca

Meninada da Vila

EDITORA
Labrador

Copyright © 2019 de Stela Greco Loducca
Todos os direitos desta edição reservados à Editora Labrador.

Coordenação editorial
Patricia Quero

Projeto gráfico, diagramação e capa
Felipe Rosa

Revisão
Daniela Georgeto
Laila Guilherme

Dados Internacionais de Catalogação na Publicação (CIP)
Angelica Ilacqua CRB-8/7057

Loducca, Stela Greco
   Meninada da vila / Stela Greco Loducca. -- São Paulo : Labrador, 2019.
   144 p.

ISBN 978-85-87740-76-2

1. Loducca, Stela Greco, 1968 - Infância e juventude 2. Loducca, Stela Greco, 1968 - Memória autobiográfica 3. Crônicas brasileiras I. Título.

19-0455					CDD 928.69

Índice para catálogo sistemático:
1. Redatora publicitária - Memórias autobiográficas

EDITORA
Labrador

Editora Labrador
Diretor editorial: Daniel Pinsky
Rua Dr. José Elias, 520 - Alto da Lapa
05083-030 - São Paulo - SP
+55 (11) 3641-7446
contato@editoralabrador.com.br
www.editoralabrador.com.br

A reprodução de qualquer parte desta obra é ilegal e configura uma apropriação indevida dos direitos intelectuais e patrimoniais da autora.

A Editora não é responsável pelo conteúdo deste livro. A autora conhece os fatos narrados, pelos quais é responsável, assim como se responsabiliza pelos juízos emitidos.

Ao meu filho Gabriel, sempre.

Aos meus irmãos e meus pais, que são parte da minha história.

APRESENTAÇÃO

Desde pequeno, sempre contei muitas histórias para o Gabriel, meu filho, antes de dormir. Ele adorava. Comprávamos livros e mais livros para ele, mas uma época ele começou a pedir que eu inventasse histórias em vez de ler: "Mamãe, conta história da boca". Isso significava inventar por conta própria, e seja o que Deus quisesse ou o que minha imaginação permitisse.

Não era todo dia que eu tinha inspiração, então resolvi contar histórias da minha infância com meus irmãos. E a parte mais gostosa da nossa infância foi o que vivemos na vila, mais do que as viagens que fazíamos com meus pais nas férias, que também adorávamos e das quais temos boas lembranças, mas a vila foi muito especial por ser o nosso dia a dia vivido intensamente.

O Gabriel adorava ouvir, porque, além das brincadeiras, tinham as brigas e traquinagens com meus irmãos, personagens que ele conhecia na vida real, fora toda a criançada, cada um com suas peculiaridades. Ou seja, éramos uma turma dentro de casa e um bando do lado de fora.

Havia momentos em que o Gabo, apelido do meu filho, até já falava: "Mãe, conta alguma história do tio Fabio" (essas eram as preferidas dele, porque eram as mais arteiras) ou, especificamente, "Conta aquela história que o tio deu com o rodo na cabeça da vizinha", "Conta aquela que a tia Tata não fez nada e apanhou no chuveiro, quando você e o tio estavam brigando", "Mãe, hoje conta uma história do Flecha", e assim fui relatando novas histórias e repetindo outras que ele tanto queria escutar novamente.

Daí o motivo de querer escrever. E num encontro com meus vizinhos da vila, já quase com o livro no final, quando fui recolher mais algumas lembranças através deles, descobri que eles também contavam histórias da vila para seus filhos e que o Flecha era sempre o motivo de repetição de algumas histórias, quando o tema era travessura animal.

Saber que esse ponto em comum com eles, ter passado a infância juntos, também rendia histórias para os filhos deles me animou ainda mais a continuar escrevendo novos capítulos de todas as nossas aventuras.

Portanto, dedico este livro ao meu filho Gabriel, razão principal para escrevê-lo; também aos meus irmãos, que viveram comigo todas as emoções, alegrias e tristezas dessas histórias e sem os quais haveria pouco para contar; aos meus pais, que nos proporcionaram viver nessa vila tão livremente; aos meus avós, que deixaram nossa infância mais doce; a todos os meus amigos de infância, que cresceram com a gente e também fizeram parte dessas histórias; aos meus primos queridos que foram nossos vizinhos; e ao Celso, que passou pela vila, me deu um filho lindo e nunca se cansou de me incentivar a escrever minha história.

•1•
MENINADA DA VILA

Nasci em 1968 e cresci numa vila no Itaim Bibi, na capital paulista. Esta história não é propriamente minha, mas também dos meus irmãos e de toda a meninada da vila que cresceu junto com a gente.

Nossa vila tinha o formato da letra U. Ou seja, eram duas vilas interligadas com uma voltinha também de casas.

Então chamávamos de "a nossa vila" e "a outra vila", mas todos brincávamos juntos. Do nosso lado tinha muito mais crianças e era onde tudo acontecia. Os meninos da outra vila vinham bagunçar na nossa.

Todas as casas tinham três quartos na parte de cima com um banheiro em comum, embaixo ficavam uma sala com dois ambientes, uma cozinha e um quintal de ladrilhos que pareciam cacos irregulares nas cores vermelha e preta, um acabamento bem característico daquela época. No fundo também havia um quartinho de empregada.

Algumas casas tinham acabamentos diferentes e um lavabo baixo, e somente as de esquina, que eram mais chiques, tinham entrada lateral. Eu achava o máximo! A minha casa era grudada com a da esquina, quase na curva do U.

O nome da rua era bem estranho, principalmente quando a gente tinha que pronunciar o endereço de casa: Rua Sader Macul, 21. O "Macul", na imaginação infantil, não soava muito bem quando a gente falava. Depois de um tempo, não sei por quê, mudaram o nome apenas da nossa parte da vila para Rua Belchior Soares. E o nosso número passou a ser 83.

Acho que a culpa dessa mudança deve ser pelo "Macul", que mais parecia um xingamento.

A vila existe até hoje, mas uma parte dela, onde ficavam as casas em frente à minha, foi vendida. Hoje essas casas antigas fazem parte de um prédio comercial enorme, que dá frente para a Rua Atílio Inocenti.

Nessa rua acontecia de tudo, e um pouco desse tudo vou contar aqui.

Nem sei quantas crianças éramos, porque, enquanto algumas se mudavam, outras também chegavam na vila. Nunca éramos menos de 30, e, de todas as crianças que iam e vinham, pelo menos 20 cresceram e viveram nesse espaço como a gente.

A turma era bem divertida, e aprontávamos muito. Um dos que mais tocavam o terror na rua era meu irmão Fabio, três anos e meio mais velho que eu. Minha irmã do meio, Marta, dois anos mais velha que eu, era uma santa, adorava inventar lorotas, e todos acreditavam nela. Isso sem contar o nosso cachorro, o Flecha, que tinha o temperamento igual ao do meu irmão. Fazia o que bem entendia e mandava em todos os cachorros da vila, assim como Fabio e sua turma. Ele era o cachorro de "todos" na rua.

Engraçado era quando minha mãe estava brava com o Flecha e o chamava de Fabio, e o mesmo acontecia quando ela brigava com meu irmão, chamando-o de Flecha. Essa semelhança de temperamento a deixava muito louca.

Agora imagine a quantidade de apelidos que existia em uma rua com tantas crianças. Vou citar alguns que aparecerão no meio das histórias: Manga era um menino da outra vila. Ele tinha cabelo liso escorrido e uma cara comprida. Foi daí que veio o apelido.

Boca era o apelido do meu irmão na época em que usava calça boca de sino. Tinha o Cabeção, e eu nem preciso explicar o porquê do apelido. Conga, que só usava esse calçado típico da época. E tantos outros: Mino, Gogó e Ricó eram irmãos; Galinha era o irmão da Maricy; Barney era o apelido de um pai bem baixinho e atarracado, cujo filho era muito levado.

E tinha, literalmente, o homem do saco. Nunca entendíamos por que, em vez de descer direto pela Rua Leopoldo, ele entrava na vila para dar uma volta longa. Acho que era para assustar a gente. Ele carregava um saco de estopa gigante nas costas. Não faço ideia do que tinha lá dentro. Na minha imaginação, tinha alguma criança que ele havia raptado, tipo João e Maria. Na maioria das vezes, ele sentava bem no muro da lateral da casa que ficava na curva do U e ficava lá por um bom tempo. A gente corria para nossas casas ou ficávamos brincando de olho nele. Tipo um olho no peixe e o outro no gato. Assim que ele se levantava, saíamos correndo.

Muitas vezes ele falava sozinho e ficava balançando a cabeça. Sentíamos um misto de pena e medo dele, mas ele fazia parte da rua. Passava por lá quase todos os dias, e o Flecha latia para ele até o fim da rua, da mesma forma que latia para a roda dos carros que entravam e saíam.

O homem do saco nunca fez nada a ninguém, mas vez ou outra ele passava bem alterado e agressivo, xingando e praguejando para todo mundo. Nesses dias, a gente realmente tinha medo.

· 2 ·
FABIO E O GALO NA CABEÇA DA VIZINHA

Como já falei, meu irmão era uma peste e muito invocado. Defendia a mim e minha irmã com unhas e dentes. No caso desta história, com um rodinho de madeira.

Nessa época, eu era bem pequena, devia ter uns dois anos, minha irmã Marta, uns quatro anos, e Fabio, seus cinco anos e meio. Os dois tinham a idade muito próxima. Marta era muito sossegada, sempre na dela. Tinha muita dificuldade em brigar ou se defender. Como não sabia brigar, com o tempo foi adquirindo a tática de morder. Em brigas eu falava: "Cuidado que ela morde".

Ela era diferente de mim. Eu tentava seguir todos os passos do meu irmão, então, como cresci apanhando dele dentro de casa ou sofrendo *bullying*, como dizem hoje em dia, fui aprendendo a me defender.

Um exemplo de *bullying* que ele fazia e me deixava furiosa era comparar minha orelha àquelas cabines enormes que existiam na época, os chamados orelhões. Apesar de minha orelha ser pequena, eu achava que ela era de abano. Então, para me irritar, o que era uma rotina para o meu irmão, ele me chamava de Dumbo ou falava: "Té, posso ligar do seu orelhão?".

Mas, da mesma forma que brigávamos, também nos entendíamos muito bem. Ele não poupava esforços para nos defender.

Nas nossas brigas, ele nunca me batia com a força que tinha, é claro, ou me quebraria ao meio; batia apenas o suficiente para me fazer ficar quieta e mostrar que era ele quem mandava. Eu, ao contrário, batia com toda a minha força (e olha que eu não era fraca), o que ele achava injusto e reclamava para o meu pai, porque eu o machucava e ele nunca podia devolver na mesma moeda.

Como eu era a caçula, quase sempre meu pai me dava razão, mas deixava que a gente se entendesse sozinhos até a hora em que precisava dar um basta. Aí ele era bem bravo. Essas brigas nossas duraram até uns 20 anos.

No fundo, eu me sentia a própria Mônica das revistinhas do Maurício de Sousa. Eu não tinha o coelhinho igual ao dela, mas era bem briguenta na rua e não tinha medo de ninguém — primeiro, porque eu era mais forte que a maioria das meninas, ou eu achava que era, e isso já assustava; segundo, porque em qualquer problema maior o Fabio sempre me defendia. Essa era a parte boa de ter um irmão mais velho.

Certo dia, meu primo Carlos, que já morou na vila e tem a idade de minha irmã, me disse que meu irmão era o primo que ele havia pedido a Deus. Se alguém o incomodasse, bastava ele falar com meu irmão que o assunto estava resolvido.

Mas, voltando ao rodinho, um dia minha irmã, ainda criança, estava pelada lavando a frente de casa. Ela esfregava o chão sossegada e com o esguicho molhava tudo para puxar a água que descia e se acumulava na guia rebaixada. Então ela pegou seu minirrodinho de madeira, desses que até hoje vemos na feira para crianças, e ficou lá sossegada de bumbum de fora, concentradíssima, puxando a água.

De repente apareceu uma menina que chamava Mônica e tinha a idade do meu irmão. Ela começou a tirar sarro da minha irmã que estava pelada, não parava de caçoar dela e não sei dizer exatamente se minha irmã chorou ou continuou lá puxando a água ingenuamente.

Essa parte da história nunca ninguém contou com detalhes, porque sempre se pulava para a parte em que meu irmão saía loucamente em defesa de minha irmã, mandando a vizinha calar a boca. Como ela continuava tirando sarro sem parar, o Fabio não teve dúvida. Arrancou o rodinho da mão de minha irmã e desceu com ele na cabeça da vizinha, que saiu correndo e chorando para seus pais. Ele devolveu o rodo para a Marta, que continuou pelada brincando.

Mas é claro que o fuzuê estava só começando. Lá se foram meu pai e minha mãe, junto com meu irmão, na casa do Seu Ibrahim e da Dona Laila, para que ele pedisse desculpas à menina e por seu galo enorme na testa. Mas, na frente dos pais dela, meu irmão disse que não ia se desculpar, porque ela havia tirado sarro da irmã e, se ela fizesse isso de novo, ele daria com o rodo na cabeça dela outra vez. Meus pais sempre paravam a história aí, dizendo que ficaram superenvergonhados porque meu irmão empacou igual a uma mula e não se desculpou. Não sei como essa história se resolveu, provavelmente eles pediram desculpas em nome do meu irmão e prometeram conversar com ele para que isso não se repetisse, e blá-blá-blá.

Só que essa história de rodo evoluiu um pouco, segundo minha mãe e meu pai.

Não tínhamos um jardim grande. Em algumas casas, metade do quintal era utilizada para o jardim e na outra normalmente se guardava um carro, porém na nossa cabiam dois carros, ou seja, tínhamos apenas um pequeno canteiro no contorno de uma das janelas.

Nesse canteiro, havia uma árvore já meio encorpada e muitas espadas-de-são-jorge plantadas. Já dentro de casa, parecia uma mata, minha mãe era louca por plantas, e é assim até hoje. Plantas, avencas, samambaias sempre estiveram penduradas pela casa.

O problema era que, dentro desse canteiro, meu irmão escondia um pedaço de pau atrás da árvore e recorria a ele para se defender sempre que se metia em encrenca com os meninos mais velhos. Nunca abriu a cabeça de ninguém, acho que os mais velhos conseguiam fugir dele, mas minha mãe sempre se perguntava de onde vinha esse pedaço de pau quando alguém reclamava.

Um belo dia, depois de pegar meu irmão no pulo escondendo sua arma secreta, ela sumiu com aquele pedaço de pau, achando que com isso o assunto estaria resolvido, porém, no auge de uma briga, quando meu irmão viu que o pedaço de pau não estava mais onde sempre deixava, ele entrou em casa e saiu correndo novamente atrás dos moleques com algo nas mãos. Quando minha mãe percebeu, foi atrás para ver o que ele tinha pegado... Ele estava lá fora, enlouquecido atrás dos meninos rodando a bolsa dela. Era uma bolsa dura de couro de crocodilo marrom toda envernizada que existe até hoje. Sempre que olhamos para ela, temos essa lembrança.

Acho que o Fabio era um caso perdido para os meus pais, mas eu adorava ter um irmão que estava sempre disposto a nos proteger quando precisávamos.

· 3 ·
O FUSCA AZUL

Tivemos vários carros que hoje quase não existem mais. Meu filho, por exemplo, nem deve saber que eles existiram ou como era o modelo de alguns deles.

Um dos carros era um Corcel azul-calcinha, daqueles bem "cheguei".

O outro era um Opala prateado, que meu pai adorava chamar de Expresso da Prata. Acho que era o nome de algum trem da época e, como cabia muita gente dentro dele, ele deu esse apelido.

Tivemos também uma Variant amarela, e muitas vezes, em viagens, meu pai colocava as malas na capota do carro e deitava o banco, deixando que nós três dormíssemos lá, o que é completamente inconcebível hoje em dia, se a gente for pensar em segurança, mas, como naquela época nem cinto era obrigatório, viajar dessa forma era algo normal.

Depois evoluímos para uma Brasília de cor fumê; lembro que essa também era a cor da minha Melissinha, devia estar na moda esse tom meio acinzentado. Essa Brasília foi roubada e não tenho tantas memórias dela.

Mas o legal mesmo era o Fusquinha azul que veio antes de todos esses carros. Fusquinha igual ao que eu vim a ter depois, quando fiz 18 anos e tirei minha carta.

O Fusca azul era o carro que minha mãe utilizava na época para buscar minha irmã na escola. Pelo que eu me lembro, a escola dela ficava muito longe do meu bairro. Demorava muito para chegar até lá, era praticamente uma viagem. Acho que ficava em Higienópolis, ou por ali. A escola se chamava Degrau, e eu não entendia muito bem por que ela tinha esse nome, até que um dia, quando fui buscar minha irmã, vi que tinha uma rampa enorme na frente e, no meio dela, vários degraus. Passei a pensar que o nome da escola era por causa disso. Essa foi a explicação que encontrei.

Marta não gostava muito de ir à escola, então às vezes ela se jogava na rampa para tentar quebrar o braço, mas essa tática nunca deu certo.

Uma curiosidade é que eu nunca entendi por que minha mãe sempre saía de casa com bobes no cabelo e um lenço de seda amarrado em volta. Hoje em dia ela me diz que não saía assim toda vez, muito menos para ir à escola nos buscar, mas eu e minha irmã temos essa lembrança muito nítida dessa época, que as mães saíam com bobes no cabelo e um lenço chique para escondê-los. Mas isso não vem ao caso. A questão é que em um dos dias que minha mãe estava saindo para buscar minha irmã, provavelmente de bobes, ela não me deixou ir junto. Fiquei muito chateada com ela por me deixar de lado. Ela preferiu que eu ficasse brincando na rua com as outras crianças. Aliás, a minha casa vivia de portas abertas e era um entra e sai de crianças sem fim.

A casa da frente também era assim. Entrávamos e saíamos dela como se fosse extensão da nossa própria casa. Éramos como irmãos dos vizinhos da frente. O Mike, a Vivian e a Vanessa tinham, respectivamente, a mesma idade que o Fabio, a Marta e eu. Eles também tinham um cachorro, o Scooby, que vivia tentando trepar no Flecha, e a gente achava aquele comportamento bem suspeito da parte dele.

Voltando à minha mãe, aos bobes no cabelo e ao Fusca azul, lá foi ela buscar minha irmã na escola. Quando ela voltou com a Marta e perguntou por mim, ninguém sabia onde eu estava. Maria José, a moça que trabalhava em casa, achava que eu tinha ido junto. Na rua, as crianças disseram que eu havia sumido há muito tempo e os adultos disseram que não tinham me visto brincando com os outros.

Claro que a essa altura minha mãe já estava desesperada, chorando e ligando para o meu pai. Todo mundo começou a me procurar para saber se eu havia passado a tarde na casa de alguém, mas ninguém conseguia me achar. Não sei exatamente quanto tempo depois, alguma criança se debruçou no carro e me viu dormindo encolhida no buraco que ficava atrás do Fusca, como se fosse um miniporta-malas, para vocês verem como eu era pequena. O famoso chiqueirinho.

Alívio geral, minha mãe não sabia se brigava comigo ou se chorava.

Devo ter me escondido ali quando ela me disse que eu não poderia ir junto buscar minha irmã na escola e acabei pegando no sono no percurso.

Mesmo depois de vendermos o Fusca, sempre nos lembrávamos dessa história, e até hoje ela é contada quando conversamos sobre nossa infância.

• 4 •
O CARNAVAL E AS BISNAGAS DE ÁGUA

Para se ter uma ideia de como a gente se divertia, e também de como azucrinávamos a vida dos outros, vou contar uma situação que acontecia todos os anos durante o Carnaval.

Nossa vila fazia esquina com a Rua Leopoldo Couto de Magalhães Júnior. Ou seja, o começo e o fim desse formato de U da rua acontecia na Leopoldo, e até hoje, quando passo por lá, lembro das coisas que a gente aprontava.

O Carnaval acontece sempre em fevereiro, isso significa que é um mês de muito calor, por isso os carros andavam todos de janelas abertas. Talvez porque não existissem tantos assaltos como hoje em dia ou porque não existissem carros com ar-condicionado como atualmente.

Apenas um detalhe antes de continuar: se você, que está lendo esta história, é pequeno e mora numa vila, não tente fazer isso em casa, ok?

Bom, lá estávamos nós, acho que entre 15 e 20 crianças das mais variadas idades. Cada mãe tinha comprado para seu filho bisnagas coloridas de plástico de diversos tamanhos. Nem lembro onde elas eram vendidas.

Talvez no Mappin, nas Lojas Americanas, no Barateiro, no supermercado que ficava perto de casa ou na feira, não tenho certeza. O que eu sei é que eram bisnaguinhas para os menores e bisnagas do tamanho de uma garrafa de 2 litros de refrigerante, de tão gordas, para os maiores, que conseguiam segurá-las. Às vezes usávamos a própria garrafa de refrigerante.

Quem liderava os ataques eram os mais velhos: o Luis Meyer, meu irmão, o Mike, o Júnior, que morava na esquina, quase na Leopoldo, o

Mauro, o Alê e o Mino, que moravam na outra vila, fora a criançada mais nova da nossa vila. Acho que tínhamos entre 7 e 12 anos. Essa brincadeira durou alguns carnavais e terminou porque quase houve um incidente.

A brincadeira era a seguinte. Ficávamos escondidos na esquina da rua e um de nós ficava de guarda para ver se vinham carros na Leopoldo. Aquela parte da Leopoldo era uma descida, então alguns carros vinham em maior velocidade. De qualquer maneira, por ser Carnaval, a rua estava sempre tranquila, nada de trânsito. Se fosse num dia normal, teria causado acidentes sérios.

Os carros geralmente vinham descendo solitários durante o feriado.

Então, quando um carro aparecia, ficávamos na espreita, e, quando ele já estava perto, um dos mais velhos gritava: "Atacar!!!".

Saíamos em bando de trás do muro da esquina e mirávamos nossos jatos de bisnaga na janela aberta dos carros. A água jorrava das bisnagas com toda a força. Ou seja, quando acertávamos em cheio, conseguíamos molhar a pessoa que estava dirigindo, a que estava no banco de trás e até mesmo a que estava sentada ao lado do motorista, pois eram ataques em conjunto.

O motorista só conseguia brecar o carro mais à frente. Imagina o perigo e o susto que essa pessoa tomava. Quando o motorista do carro conseguia se restabelecer do susto, já era tarde, o carro até dava ré na esquina, mas a essa altura já estávamos escondidos dentro das casas mais próximas, a rua ficava deserta.

Até que um dia um homem se molhou feio, acho que foi atingido pelos mais velhos. Ele brecou na hora e deu ré de forma tão rápida, entrando alucinado na rua, que quase atropelou alguns dos pequenos que brincavam na rua de patinete, bicicleta de rodinha e até mesmo algumas crianças que estavam sentadas no chão desenhando com giz.

Nessa época a rua já não era de paralelepípedo, e sim asfaltada.

Várias crianças conseguiram se esconder, menos o Mike. O cara nem sabia quem tinha feito aquela brincadeira, então desceu do carro, pegou Mike pelo braço, que estava paralisado, todo vermelho e com cara de suspeito, gritou feito louco com ele, com crianças que não tinham nada a ver com o ocorrido e até com os adultos, mas nosso vizinho Rubão, o pai do Gogó e do Ricó, era um cara enorme, parecido com o Fred dos *Flintstones*, só que bem mais alto, e muito bravo. Ele encostou no cara meio que dando uma peitada, acho até que deu uma bica no carro dele e perguntou se ele estava com algum problema para entrar naquela velocidade numa rua cheia de crianças pequenas e gritar daquele jeito. Acho que o cara sentiu que a coisa ia ser feia, entrou no carro praguejando e saiu cantando pneu novamente.

Depois daquilo, quando saímos para a rua novamente achando que tínhamos vencido a guerra, bastou a encarada do Rubão para nos darmos conta de que nosso Carnaval nunca mais seria o mesmo.

• 5 •
A MENINA POBRE

Já contei que minha irmã não era briguenta, mas, em compensação, adorava contar uma lorota. Juntando ela e meu primo Luiz José, que também tinha uma imaginação tremenda, saíam muitas histórias dali.

Esse primo foi nosso vizinho na vila por um tempo, e a brincadeira que a gente mais gostava era quando ele criava os trens fantasmas no nosso quarto.

Ele inventava várias armadilhas, e as crianças faziam fila. Entrava uma por vez no quarto escuro, e ele ia guiando com uma lanterna para iluminar os momentos que seriam o ápice do terror. Sempre tinha alguém que o ajudava. Do lado de fora só se ouviam os gritos, o que deixava todos no suspense e muito tensos. Se você estivesse apertado para fazer xixi, era um problema, porque a chance de se mijar todo era enorme.

O Luiz José se parecia muito com a Marta; ele também detestava brigar, por isso sofria muito com o meu irmão, que tinha a mesma idade que ele e o provocava demais.

O que eu, meu irmão e meu primo Carlos tínhamos de terríveis, ele e a Marta tinham de criativos.

Passávamos praticamente o dia todo na rua brincando: taco, queimada, esconde-esconde, polícia e ladrão eram as brincadeiras que mais gostávamos, fora outras coisas bem legais que vivíamos inventando. Então dá para imaginar o estado em que ficávamos no final do dia. Todo mundo sujo e encardido, parecíamos da turma do Cascão, com a diferença de que no final sempre tomávamos banho.

Certo dia, minha irmã resolveu usar dessa imundice para inventar uma brincadeira, e minha mãe ficou muito brava quando descobriu.

Ela vestiu uma roupa toda furada, se sujou toda e bagunçou bastante o cabelo. Como parte dos moradores da outra vila era de pessoas sem filhos da nossa idade e que, portanto, mal nos conheciam, ela começou a tocar a campainha de todas as casas desconhecidas. Não era aquela tradicional brincadeira de tocar a campainha e sair correndo, coisa bem irritante que fazíamos muito. Tão irritante quanto aguentar criança passando trote, o que também adorávamos fazer, mas que hoje não é mais comum por conta do identificador de chamadas.

A brincadeira dela era tocar a campainha, esperar que a pessoa atendesse e fazer cara de coitada e de menina pobre, dizendo que não tinha brinquedo, pedindo qualquer coisa... O fato é que alguns vizinhos acabaram ficando com pena e deram algumas coisas para ela, que já carregava até uma sacolinha, contando com a bondade alheia. Ela chegou em casa na maior cara de pau, cheia de cacarecos, feliz da vida pelo seu feito.

O que ela não imaginava é que, obviamente, minha mãe perguntaria de onde tinham saído aquelas coisas todas, e nessa hora a lorota não funcionou muito bem, porque, na sua ingenuidade, ela tentou contar a história como se as pessoas a tivessem chamado do nada para dar brinquedos que não usavam mais. Claro que não colou, e, no final das contas, talvez com medo de que meu pai ficasse sabendo, ela acabou contando de um jeito que fizesse parecer que ela teve uma ideia genial e por isso minha mãe deveria se orgulhar.

O que não colou pela segunda vez, e, para sua vergonha, ela teve que ir de casa em casa para devolver os brinquedos.

Aliás, quando errávamos, minha mãe tinha essa mania chata de nos fazer passar vergonha com essas histórias de devolução ou coisa do tipo. Comigo isso aconteceu duas vezes.

Na primeira vez, eu estava com ela no Barateiro fazendo compras, coisa que eu adorava, principalmente quando chegava no corredor de doces e salgadinhos. O chato era que meu pai não tinha uma profissão que favorecesse essa gula. Ele era dentista, e doce não era muito comum em casa. Então acabei enfiando na cintura um saco de pirulitos, daqueles achatados vermelhos bem açucarados. Chegando em casa, é claro que ela percebeu o volume debaixo da minha blusa e me pediu para levantar a camiseta. Bom, já deu para perceber que ela me colocou de novo no carro e voltamos ao supermercado. Chegando lá, pediu que chamassem o gerente e me fez devolver o saco de pirulitos, além de ter de pedir desculpas. Até hoje não sei como ela teve coragem de me fazer passar por essa vergonha. Eu devia ter uns 6 anos, mas nunca mais ousei pegar escondido nem um chiclete que fosse. E nunca me esqueci desse dia.

Na outra situação eu já era adolescente. Estávamos no cruzamento da Avenida Brasil com a Avenida Rebouças e eu havia acabado de chupar um sorvete ChicaBon. A janela do carro estava aberta e, acredito que num impulso, com aquela embalagem toda melecada pingando sem parar, não tive dúvidas e joguei o papel janela afora. Não é que ela me fez abrir a porta do carro e pegar o papel do chão? Retruquei dizendo que passaria a maior vergonha, pois as pessoas dos outros carros iam ver, e ela só respondeu: "Pega já, ou desce do carro e vai a pé". Peguei, claro, com o rabo entre as pernas. Outra situação vergonhosa que nunca na vida vou esquecer.

· 6 ·
ALÊ, SUA JIBOIA E SUA CARANGUEJEIRA

O Alê era um amigo nosso que morava na outra vila. Ele tinha a idade do Fabio. O irmão dele, o Mino, tinha a idade da Marta. Eles também tinham duas irmãs mais velhas, a Ana e a Thais, mas elas não brincavam com a gente. Já o Alê e o Mino viviam na nossa rua. Nossas famílias eram muito amigas, por isso crescemos juntos. Um deles mora lá na vila até hoje. Por conta dessa amizade, vivíamos viajando para o sítio deles em Ibiúna. Sempre um bando de crianças.

O pai do Alê e do Mino, o Léo, era biólogo da USP, e o Alê adorava bichos, tanto que depois virou biólogo também.

Ele tinha um aquário com uma jiboia que ficava dentro do quarto dele. Tinha também um outro aquário com uma aranha-caranguejeira, daquelas bem nojentas, grandes, peludas e cheias de patas. Quer dizer, toda aranha era cheia de patas, mas aquela era tão de arrepiar que, na minha imaginação, parecia ter muito mais patas do que as outras.

Um dia ele me chamou dizendo que ia alimentar a cobra e queria que eu fosse ver. Lá fui eu, crente que ele ia jogar qualquer coisinha dentro do aquário, assim como eu colocava alpiste para o Chiquinho, meu canário (ele tinha esse nome porque minha mãe, minha irmã e eu adorávamos o Chico Buarque e o Chiquinho cantava lindamente), mas ele não alimentou a cobra do jeito que eu alimentava o Chiquinho.

Ele tirou um camundongo branquinho e muito bonitinho de dentro de uma caixa e jogou dentro do aquário, assim, sem a menor piedade. Até aquele dia eu não fazia ideia que se alimentava uma cobra dessa maneira. Óbvio que nem me atrevi a tentar salvar o ratinho, acho que estava mais pensando se não era hora de eu picar a mula dali.

O bichinho, assustado, começou a correr, mas, assim que a cobra conseguiu encará-lo, ele ficou parado igual a uma estátua com o olho vidrado. Acho que aquilo foi um momento de hipnose pura, até que ela deu um bote e lentamente engoliu o ratinho. A cobra foi ficando igual ao desenho que tem no livro do O Pequeno Príncipe: uma parte dela ficou gorducha por causa do rato e o resto normal... Essa é outra imagem que eu nunca vou esquecer; eu era muito pequena e aquilo me assustou demais. Talvez essa fosse a ideia do Alê. Quando ele veio me mostrar a caranguejeira, saí em disparada, pronta para nunca mais voltar.

Já esta outra história eu não presenciei, soubemos pela boca do próprio Mino e ficamos aterrorizados. Ele e o irmão dormiam no mesmo quarto, assim como eu e minha irmã.

Certo dia, alguém deixou a tampa do aquário da caranguejeira aberta. Talvez a empregada, enquanto limpava o quarto, ou o próprio Alê, na hora de alimentá-la. O que aconteceu foi que o Mino, numa manhã, com preguiça, naquele momento meio difícil de acordar, ao virar a cabeça no travesseiro e abrir o olho, deu de cara com a caranguejeira estática, ali, lado a lado com seu rosto. Por um triz ele não a esmaga com a bochecha, ou, melhor dizendo, ele não fica sem bochecha.

Ele disse que começou a suar frio. Não queria gritar para não acordar a caranguejeira, que, de tão quietinha, ele supunha que estivesse dormindo, e não queria se mexer bruscamente para que ela não desse um salto em cima dele, então ficou com o olho arregalado, vendo se o Alê acordava para salvá-lo.

Deve ter sido o poder da mente, pois logo em seguida o Alê também acordou. Quando viu a cara de terror do irmão com aquela aranha peluda marrom em seu travesseiro branco, deu um salto e a tirou dali. Ele não teve problemas em pegá-la, já que normalmente mexia nela. Problema mesmo ele teve com a mãe por causa disso e acabou ficando de castigo.

O que eu sei é que nunca mais entrei naquela casa.

· 7 ·
O DIA EM QUE O PATO TOMOU BANHO

Na época em que eu era criança, a coisa mais comum era irmos à feira. Além de frutas e verduras, comprávamos roupa de boneca, mandávamos consertar panela quebrada, comprávamos rodinho e vassourinha para brincarmos, adorávamos comer pastel, entre tantas outras coisas que me fascinavam. Era um mundo maravilhoso de cores e pessoas de todos os tipos. E os vendedores sempre com alegria e animação: "Olha aí, freguesia... moça bonita não paga, mas também não leva".

Eu achava incrível essa história de não pagar, mas logo em seguida achava uma sacanagem não poder levar. Falou, tá falado. Deu, tá dado.

Mas o mais incrível, o melhor da feira, na minha opinião, era que podíamos comprar pintinhos. Sim, vendiam animais vivos na feira.

Tinha até pintinho tingido de cor-de-rosa. Eles ficavam numa grande caixa de papelão cheia de pequenas divisórias. Hoje em dia isso seria uma aberração, mas naquela época, na década de 70, era algo normal. Acho que a maioria das pessoas da minha geração teve pintinhos e patinhos de estimação que também eram vendidos na feira, além de peixinhos, gatos, cachorros, tartarugas e passarinhos, que não eram vendidos na feira, mas toda criança gostava de ter em casa.

Nós tivemos todos esses animais. Não todos de uma vez só, é claro, exceto o patinho e o pintinho, que compramos na feira e passaram a ser companheiros em casa também. Acho que esses bichinhos não duravam muito, pela pouca experiência de seus criadores ou porque já vinham com a saúde fraca.

O fato é que, até mesmo para o azar acontecer, é preciso ter uma mãozinha de alguém inexperiente para dar um empurrãozinho...

Certa vez fomos viajar e deixamos o patinho e o pintinho com a tia Fina, irmã de meu pai, nossa vizinha e mãe do Luiz José, do Carlos e da Aninha. Essa minha prima era um pouco mais nova que eu. Era danada e adorou poder cuidar dos bichinhos na casa dela. Mas ela fazia parte dessas pessoas "pouco experientes". E quem pagou o pato foi o próprio patinho.

Naquele fatídico dia fazia muito calor, e a Aninha resolveu que o pato precisava nadar. Então encheu uma bacia grande com água e, enquanto o pato nadava em círculos sozinho, o pintinho ficava solto pelo quintal, ciscando livremente. Foi então que a Aninha teve uma ideia genial (genial apenas na cabeça de criança dela). Ela achou que, além de brincar na água, o pato gostaria de tomar banho, então ela jogou sabão em pó na bacia, fez espuma e deixou o bichinho lá. Quando voltamos de viagem, a notícia veio de primeira: o pato foi tomar banho e morreu!

"Como assim, foi tomar banho e morreu?!? Patos sabem nadar!!"

"Sim, é verdade, patos sabem nadar, mas o seu patinho teve uma intoxicação causada pelo banho e morreu, coitado."

Muito suspeito isso! Mas dessa história a gente só ficou sabendo muito tempo depois...

Vale lembrar que um dos peixinhos que tivemos também morreu, mas este pelas mãos da tia Fina, ou talvez ela tenha assumido a culpa para acobertar a Aninha, quem sabe... É que, quando minha tia ficou incumbida de alimentar nossos peixinhos, ela acabou colocando mais do que uma pitadinha de comida, e isso é muito perigoso. Italiana do jeito que era, achou que aquela quantidade não dava para encher a barriga de ninguém.

Quando ganhamos os peixinhos, meu pai nos avisou muitas vezes que os peixes morrem de tanto comer e, por isso, devíamos colocar bem pouca comida se quiséssemos que eles vivessem bastante. Acho que ele esqueceu de avisar à irmã dele. O peixinho apareceu boiando depois que ela o alimentou. Foi muito triste.

Mas, voltando ao pato, a notícia boa era que o pintinho tinha saído ileso, pelo menos até aquele momento.

Esse pintinho tinha uma mania engraçada. Debaixo da nossa mesa de jantar havia um tapete e, com três crianças sentadas à mesa, sempre caía alguma coisa no chão. Então meu pai soltava o pintinho após o jantar e ele adorava ficar debaixo da mesa, comendo qualquer migalha que tivesse caído no tapete. O apelido dele era "boca de aspirador", pois ele deixava o tapete limpinho.

Era muito fofo ver aquele pintinho amarelo zanzando pelo tapete verde-escuro.

Meu pai, por outro lado, também tinha uma mania: adorava ligar o som depois do jantar e dançar em volta da mesa. Ele sempre amou dançar. Adorava um rock pauleira. Mas em um desses momentos de empolgação ele pisou no pintinho e, por incrível que pareça, ele não morreu, mas ficou com o peito deformado, de um lado do corpo o peito estava estufado e do outro, todo esmagado. Respirava um pouco estranho, mas durou alguns dias assim, ciscando feliz debaixo da mesa, até que morreu.

Não compramos mais pintinhos na feira depois disso, e muito menos patos.

· 8 ·
PEDRO E A PEDRA

Já falei que eu tinha um vizinho muito levado, e seu pai se chamava Eric, mas o apelido era Barney. Ele era atarracado e baixinho igual ao Barney dos *Flintstones,* desenho que eu amava e assistia muito quando pequena. Eu almoçava e sempre via um episódio antes de ir para a escola.

O vizinho que tivemos depois que a tia Fina e o tio Luis se mudaram, o Rubão, pai do Ricó e do Gogó, casado com a Valquíria, que amava Roberto Carlos, parecia com o Fred, o outro personagem dos *Flintstones*. Como vocês podem ver, todo mundo tinha apelido por ali.

O filho do Barney se chamava Pedro, e ele era realmente muito levado, filho único e supermimado. Não obedecia aos pais e fazia o que bem entendesse. Nessa época ele devia ter uns 4 anos e eu, entre 10 e 12 anos, provavelmente. A impressão que eu tenho é de era bem mais velha.

Tínhamos uma Brasília fumê, aquele cinza misturado com bege. E nesse dia ela estava parada na frente de casa e não dentro da garagem.

De repente comecei a escutar um barulho e saí na rua para ver o que era. O Pedro estava jogando pedras no carro, sem a menor noção. Fiquei louca, e o sangue me subiu à cabeça. Eu era meio esquentadinha nessa fase, puxei esse temperamento do meu pai. Saí muito brava e comecei a falar com o menino já num tom alterado.

"Pedro, para já com isso!"

"Não vou parar, só quando eu quiser. Não tenho medo de você".

"Pedro, eu vou bater em você se você não parar".

"Vai nada, eu chamo a minha mãe".

E eu respondi, sem nem pestanejar:

"Sua mãe? Ah, eu quebro a sua mãe fácil."

O coitado não esperava essa resposta. Então falou, já com a voz trêmula:

"Então eu vou chamar meu pai."

E eu emendei:

"Seu pai? Aquele baixinho? Coitado! Eu parto ele ao meio."

A essa altura o menino já estava com os olhos cheios de lágrimas, mas eu não parei por aí, porque ele ainda estava com as pedras nas mãos, pronto para jogá-las em mim. Me aproveitei ainda da roupa que ele usava, uma camiseta branca estilo Hering bem surrada e comprida, para apelar ainda mais para o terror psicológico:

"E vai já para a sua casa tirar essa camisola, que é coisa de menina."

O coitado, já aos prantos, disse:

"Isso não é camisola!"

"Claro que é camisola! E aposto que você está de calcinha por baixo."

Esse golpe foi baixo, eu sei. O menino levantou a camiseta e disse, chorando muito:

"Não é calcinha, isso é cueca."

"Claro que isso é calcinha, corre lá pra trocar..."

O menino saiu correndo e soluçando.

"Não é calcinha!"

Quando me lembro disso me sinto muito mal. Isso, sim, é um *bullying* bravo.

Acho que eu realmente não tinha muita paciência com ele e até era um pouco malvada, mas nunca encostei um dedo nele, era tudo psicológico. O que às vezes é pior.

Certa vez, o pintor que fazia serviço para todos na rua estava em cima de uma escada tentando tirar um par de tênis que alguém tinha jogado em um dos fios do poste. Todo mundo estava vendo o pintor se esticar todo para tentar desenroscar o barbante do fio, foi quando Pedro pegou um cabo de vassoura e começou a cutucar o fiofó do pintor, que, obviamente, ficou muito sem graça. Os pais dele não faziam nada, apenas davam risada. E o menino continuava cutucando o "furico" do pintor.

Era uma situação bem constrangedora, e eu pedi para o menino parar. Se ele parou? É claro que não, tentou cutucar ainda mais o pintor.

Cheguei perto da orelha dele e falei:

"Se você não parar de fazer isso, vou pegar esse pau e enfiá-lo bem no meio do seu 'U', entendeu?".

E lá se foi o menino correndo atrás dos pais. Acho que ele tinha um leve temor de mim, por isso não reclamou para os pais. Deve ter se lembrado de quando eu disse o que faria com os pais dele na história da pedra. Só sei que perto de mim ele passou a ser um santo, coitado.

Não falei que ele era terrível?

· 9 ·
IRMÃOS

Todo mundo acha que o caçula é sempre o filho mimado que a mãe protege. Que o do meio é o frustrado, por não ser nem o primeiro, o tão esperado, nem o último, para ser paparicado. É apenas o segundo, colocação meio ingrata. E o primeiro é o queridinho e amado de todos, porque foi a novidade. Mas eu vou mostrar que há controvérsias.

O primeiro, coitado, tem que aguentar a inexperiência dos pais de primeira viagem e muitas vezes é sufocado com tanto amor e cuidado, ou seja, ele é a cobaia.

O segundo, se não for também o último, fica no meio do caminho, pois tem a sombra do caçula para incomodar.

O terceiro, no caso de ser o caçula, é muito paparicado, sim, mas acaba sofrendo nas mãos do irmão mais velho. Por outro lado, aprende a se defender na raça.

Minha irmã nasceu com apenas um ano e meio de diferença do Fabio, então ele não sentiu tanto essa divisão de atenção. Quer dizer, até aconteceu de ele sentir ciúmes.

Minha mãe conta que uma vez ela estava na parte de baixo da casa quando ouviu um barulho de algo batendo na parte de cima. Ela percebeu que meu irmão havia sumido e correu para ver o que ele estava aprontando com a Marta.

Quando ela estava subindo, viu que ele tentava empurrar o carrinho em que ela dormia escada abaixo, mas, ao tentar fazer a curva, a roda do carrinho (que devia ser um trambolho naquela época) ficou presa na grade do corredor, então o barulho que ela ouvia era o Fabio sacudindo o carrinho para desemperrar a roda. Minha mãe foi subindo bem sorrateira, na maior calma, e perguntando: "Fabio, o que é que você quer fazer?".

E ele: "Estava tentando 'descer' a Marta para a sala."

"Hum... sei, sei."

Ela também conta que, quando ele ouvia o caminhão de lixo, ele perguntava se eles não deveriam dar a Marta para o lixeiro, mas parava por aí. Nunca tentou sufocá-la com almofada ou tampar o nariz dela, como as histórias que ouvimos por aí.

Com o tempo, essa fase de ciúmes acabou e ele passou a defendê-la.

Quando eu nasci, porém, minha mãe disse que, como ele tinha 4 anos, ficou bem mais enciumado. Ela não conseguia me amamentar sem que ele ficasse deitado nas pernas dela também com uma mamadeira, coisa que ele nem usava mais, apenas esperando que eu largasse a mãe dele.

Já a minha irmã não estava nem aí. Enquanto meu irmão ficava nessa disputa de atenção e não desgrudava da minha mãe, meu pai levava a Marta para passear e ela tinha 100% da atenção dele. Não é à toa que ela era o xodó do papai. Ia ao zoológico, ao parquinho e tantos outros lugares, reinava sozinha.

Tudo o que meu irmão não aprontava com a Marta, ele fazia comigo em dobro. Não tinha um almoço sequer em que ele não me provocasse. Era só eu me virar que ele jogava arroz no meu suco ou alguma coisa que não queria mais comer no meu prato. A gente se sentava um ao lado do outro, e toda refeição era uma briga louca.

Por ser a caçula, eu acabava me ferrando mais em alguns momentos.

Quando acordávamos, por exemplo, sempre levantávamos correndo para tomar café da manhã, e a disputa era para ver quem ficaria com o bico da baguete, que era a parte do pão que a gente achava mais gostosa.

Então tínhamos o hábito de acordar e sair gritando "Bico", mas éramos em três, e apenas dois poderiam comer o "bico". Meus pais não ligavam para isso e comiam a parte do meio da baguete, deixando que nos entendêssemos sozinhos, mas essa disputa entre nós era acirrada.

Eu sempre me dava mal, porque toda vez que eu gritava "Bico" seguida da Marta, meu irmão já vinha atrás e dizia: "Cala a boca que você é a caçula e vai comer a parte do meio. Caçula não tem vez". E assim era...

Quando viajávamos também era aquela gritaria para ir na janela, mas sempre que eu falava "Janela" antes do Fabio ele dizia: "Fica quieta que você é a caçula, e caçula vai no meio".

E assim era a minha vida de caçula.

Como minha mãe dizia que sempre quis ter três filhos e a gente sabia que ela havia perdido um bebê no terceiro mês de gravidez, antes de engravidar do Fabio, meu irmão se aproveitava desse fato e dizia para mim, quando estava querendo me provocar:

"Tê, você sabe que nem era para você ter nascido. A mamãe só queria três filhos, e você só veio porque ela perdeu um bebê."

Acho que foi daí que veio a minha tática de fazer terror psicológico com o Pedro, aquele moleque levado.

Quando eu nasci, uma moça passou a trabalhar em casa. Ela cuidava muito mais de mim, então, como ela me mimava muito mais que aos meus irmãos e eu a adorava, o Fabio me perguntava se eu preferia ela ou a minha mãe, só para me deixar confusa e me fazer sentir culpada. Eu ficava muito angustiada quando ele fazia isso.

Irmão sabe onde aperta o calo do outro. E, ao mesmo tempo em que brigávamos muito, também nos dávamos muito bem. Devo até reconhecer que, assim como me dava uns cascudos, também me protegia.

Quando eu estava na primeira série, tinha um menino na minha sala que gostava de mim, mas, como eu não gostava dele, ele me batia durante o recreio. Vai entender esse raciocínio... Então eu comecei a passar o recreio inteiro dentro do banheiro das meninas. Um dia esse menino, que chamava Roberto, passou por mim com uma tesourinha de criança (ainda bem que elas têm as pontas arredondadas) e deu com ela no meu joelho.

Mesmo sendo uma tesoura sem pontas, me machucou e eu abri o berreiro. Quando cheguei em casa, comecei a contar o que tinha acontecido ao Fabio e ele ficou louco. Quando eu terminei de contar, em prantos, ele não teve dúvida: no dia seguinte, na hora do recreio, ele apareceu na escola, chamou o menino de canto, bateu nele e disse que era meu irmão e que ia quebrá-lo se ele encostasse um dedo em mim de novo. Meu irmão estava na quarta ou quinta série, e a diferença de tamanho e força nessa idade é muito grande. Só sei que o menino nunca mais encostou um dedo em mim, na verdade, eu é que passei a bater nele dali para a frente.

· 10 ·
A LULA VAI PEGAR

Como já comentei antes, minha irmã era muito na dela, não gostava de brigar, mas o que eu não contei é que ela era supermedrosa, e isso me causava alguns transtornos, apesar de ela ser dois anos mais velha.

Nós duas dormíamos no mesmo quarto, e meu irmão no quarto dele sozinho. Dormimos os três juntos apenas quando eu ainda dormia no berço, mas ele logo foi para o outro quarto.

Durante um tempo, minha irmã tinha tanto medo de que o homem do saco aparecesse para raptá-la no meio da noite que ela fazia algo que me irritava muito: juntava a cama dela na minha, o que era uma chatice, porque, quando apagávamos a luz, ela não queria que eu pegasse no sono antes dela e ficava me cutucando e colocava o dedo no meu olho para abri-lo, se percebesse que eu estava dormindo. Era um inferno.

Uma vez perdi a paciência e fui contar para o meu pai que já estava cansada daquilo toda santa noite, pois não conseguia mais dormir direito por causa dela. Foi uma confusão, e ela atrás enchendo até que meu pai perdeu totalmente a paciência e fez uma coisa que ele nunca havia feito antes: deu-lhe uma palmada tão forte na bunda que a coitadinha sentou na escada no maior berreiro, chegou até a fazer xixi de nervoso.

Pois é, meu pai nunca bateu na gente, nesse dia Marta levou o único tapa que ele deu na vida em um dos filhos. E olha que ela era o xodó dele.

Só sei que funcionou, pois ela nunca mais juntou as camas nem ficou falando para tentar me manter acordada.

Aproveitando desse medo dela, eu, meu irmão e o Carlos, nosso primo que morava ao lado, usamos de uma certa dose de maldade para pregar um susto nela à noite. Uma semana antes, preparamos o terreno com uma pequena história de terror.

Dizíamos que, quando ela pegasse no sono, apareceria "alguém do além" para buscá-la, e esse alguém se chamava Lula.

Ela ficava tão desesperada em saber que a Lula viria buscá-la a qualquer momento que era de cortar o coração: "Será que é hoje que a Lula me pega?". "E aí, Má, acho que hoje a Lula vem te pegar...", dizia meu irmão. E eu completava: "Cuidado, a Lula vai pegar... a Lula vai pegar, se você escutar isso, ferrou", e meu primo Carlos também punha lenha na fogueira.

No dia em que programamos o aparecimento da Lula, meu primo dormiu em casa. O plano era o seguinte: em cima da porta do nosso quarto havia um armário. A gente amarraria um fio de náilon em uma argolinha de metal que havia no cocuruto da cabeça de uma boneca de pano que eu tinha e passaríamos esse fio pelo puxador do armário para que ele deslizasse ao ser puxado para cima e para baixo.

A boneca era bem desengonçada e tinha umas pernas bem compridas e esquisitas. Já tínhamos dito que a Lula ia encarnar naquela boneca, para ela ficar muito atenta.

A ideia era que meu irmão abriria uma fresta da porta no meio da noite, acenderia a luz do corredor e ficaria do lado de fora, falando numa voz assustadora: "Marta, acorda, a Lula veio te pegar", enquanto meu primo, que estava em casa, ficaria perto da cama puxando o fio de náilon, fazendo a boneca se movimentar, subindo e descendo, enquanto meu irmão falava.

Colocamos o nosso plano em prática e foram alguns minutos de tensão, que devem ter durado uma eternidade na cabeça de minha irmã, mas logo o plano foi interrompido, porque no meio da história ela começou a ficar muito apavorada, então o Carlos parou a brincadeira, dizendo que aquilo era perigoso, pois ela estava aterrorizada e poderia ficar gaga de tanto medo. Ele tinha ouvido falar que o motivo de algumas pessoas ficarem com gagueira era porque tinham levado um susto muito grande em algum momento da vida...

E lá se foi o nosso plano quase perfeito e infalível, que terminou igual aos planos do Cebolinha, como já devíamos ter previsto. Pelo menos ele durou alguns minutos, o suficiente para causar desespero em minha irmã.

Nessa época, ela devia ter uns 9 anos. Ela nem conseguiu ficar brava com a gente, só ficou aliviada. Por essas e outras maldades que eu não podia muito reclamar do que meu irmão aprontava comigo, porque, se tinha uma coisa que eu não era, era santa. Meus pais não eram de ficar interferindo nessas coisas, deixavam a gente se virar e só se metiam se a situação piorasse muito. Até hoje minha irmã lembra da Lula.

Acho que a Lula, para ela, foi igual a ter o Chuck, aquele boneco assassino.

•11•
MARIA JOSÉ E O BURACO DA FECHADURA

A Maria José trabalhou por muitos anos na minha casa. Ela entrou no lugar de uma outra moça que se chamava Zefa.

Quem recomendou a Maria José foi uma outra moça que trabalhava há anos em uma das casas da vila. Ela apareceu como uma miragem, era linda demais, parecia a Luiza Brunet, devia ter uns 19 anos na época.

Era cheia de pretendentes, mas ela era muito séria e não dava confiança para ninguém.

Certo dia, a ex-patroa dela apareceu em casa dizendo que a Maria José havia roubado dinheiro dela e que meus pais deviam mandá-la embora. Ela caiu no choro com a acusação, e meu pai simplesmente perguntou se aquilo era verdade e se ela estava com a consciência tranquila. Ela disse que era mentira, que nunca havia encostado em nada na casa da mulher.

Meus pais deixaram essa história quieta e deram um voto de confiança a ela. Não é que tempos depois a ex-patroa voltou em casa e pediu desculpas?

Ela era costureira e o marido bebia muito, então ela escondia dinheiro dele assim que alguma cliente pagava, para que ele não roubasse e fosse para o bar beber. Nesse dia, ela pegou uma peça de tecido e, na hora em que abriu a peça na mesa, viu que o dinheiro estava enfiado no meio do tecido. Foi muito bom ela ter ido pedir desculpas, mas o fato é que a Maria José poderia ter perdido o emprego caso meus pais não tivessem acreditado nela.

Ainda bem que ela continuou em casa, pois eu era louca por ela. Nós três gostávamos dela, mas, como eu era pequena, ela praticamente foi minha babá, e não dos meus irmãos, tanto que ela costumava dizer que eu era a mais bem-educada dos três, porque era ela quem havia me criado. E meu irmão, para me deixar culpada, dizia que eu gostava mais dela do que da minha mãe, o que me deixava muito confusa, porque eu realmente a adorava, mas essa comparação me fazia sentir péssima.

Certa vez, minha mãe precisava sair e teria a festinha de alguma criança da rua, então ela falou: "Maria José, mais tarde dê um banho na Stela e coloque uma roupa para levá-la na festinha da Helô".

Quando minha mãe chegou na festinha, mais para o final do dia, ela disse que eu estava com uma saia xadrez tipo escocesa, uma camisa listrada e um tamanquinho no maior frio. Em uma ocasião semelhante, eu estava apenas de capotinho e galochas. Eu dobrava a Maria José, gostava de escolher minhas próprias roupas, fazer minhas combinações estapafúrdias, e não adiantava ninguém tentar escolher por mim. Ela sofria, porque achava que eu estava sempre malvestida e eu me achava linda naquelas combinações.

Agora vamos ao buraco da fechadura. Os meninos da rua achavam a Maria José linda de morrer, e meu irmão se achava o rei da cocada por ela trabalhar em casa. Como ela dormia lá, ele sempre tentava espiá-la pelo buraco da fechadura do quartinho dela.

Como se não bastasse tentar espiá-la, ele deixava que os outros meninos da rua viessem de vez em quando para tentar espiá-la também. Cada hora era um que aparecia por lá... Ela sofria com eles.

Não adiantava dar bronca, pois eles sempre achavam um jeito de tentar espiá-la, mas, na realidade, eles não viam coisa alguma. E isso não significava nada, o importante era a sensação de que estavam tentando fazer algo muito proibido.

O banheiro em que ela tomava banho não tinha janela, então meu pai acabou fazendo alguns pequenos furos no alto da porta para que o vapor do chuveiro pudesse sair.

Imaginem que, além do buraco da fechadura, esses furos causaram uma sensação na imaginação dos moleques da rua. E bastava ela ir para o banho que meu irmão corria para chamar o Mike ou algum outro menino para tentar espiar. É claro, ela não era boba e percebia o movimento do lado de fora. Era só ela sair com aquela toalha enrolada na cabeça no meio daquele vapor todo, mesmo já estando vestida, para eles ficarem completamente malucos. Era uma aparição mágica para eles, como se ela estivesse completamente nua.

Com o tempo ela perdeu a paciência e passou a tampar esses furos na porta do banheiro com papel higiênico. O final da história ficou apenas na imaginação daquela molecada e do que eles viram, ou melhor, fantasiaram que tinham visto.

Ela foi embora de casa quando se casou, e foi uma tristeza geral.

·12·
A GUERRA DE XIXI E O TABEFE NO CHUVEIRO

Às vezes, quando eu e meus irmãos estávamos naqueles dias em que um provocava o outro por qualquer coisa, deixávamos minha mãe bem louca, exceto a Marta, que não era de ficar provocando nem a mim nem ao meu irmão. Isso não quer dizer que ela era uma santa, mas criava bem menos atrito do que nós dois.

As brigas normalmente aconteciam entre mim e meu irmão, pois ele adorava testar minha paciência, sempre querendo mostrar que era o mais velho e que, portanto, eu tinha que obedecê-lo. Como eu não concordava com esse pensamento e o enfrentava sem medo, minha mãe, sim, precisava ter paciência com a gente.

No dia da guerra de xixi não houve jeito de ela manter a calma.

Tudo aconteceu dentro do banheiro. A casa em que a gente morava tinha três quartos com um banheiro em comum. Algum tempo depois, meus pais fizeram uma reforma e ficaram dois banheiros, mas no dia do ocorrido só havia um ainda, e a briga foi pela disputa da privada.

Acho que naquele dia a gente já devia ter aprontado além da conta, não me lembro o quê, mas só podia ser isso, porque minha mãe estava muito transtornada.

Estávamos nós três dentro do banheiro: a Marta tomando banho, o Fabio sentado na privada e eu sentada na banheira, esperando que ele saísse. Devíamos ter 10, 8 e 6 anos, respectivamente.

Meu irmão se levantou e eu corri para o vaso, pois estava muito apertada com vontade de fazer xixi, mas então ele voltou com uma revistinha na mão e ficou bravo por me ver lá sentada.

"Eu estava sentado aí primeiro, saia já daí."

"Não, você saiu e agora perdeu o lugar."

"Saia ou eu faço xixi em você."

Claro que não acreditei, e tampouco saí de lá.

Ele não teve dúvidas: mirou o pingolim na minha direção e começou a fazer xixi sem o menor peso na consciência. Óbvio que comecei a gritar:

"Manhêêê, o Fabio tá fazendo xixi em mim!"

Levantei correndo e voei para cima dele, tentando estapeá-lo. Ele continuou fazendo xixi para todo lado, sempre tentando mirar em mim. Imagine como estava o banheiro e como minha mãe ficou quando viu essa situação toda.

Ela já entrou gritando que não aguentava mais a gente, mas eu e ele praticamente saímos ilesos para o tanto que estávamos causando. Ela deu uns tapas em cada um, separando um do outro, ao mesmo tempo em que a gente gritava e se estapeava sem nem ligar para aqueles tapas tão fracos, mas, de tão enlouquecida na hora de distribuir os tapas, ela teve uma reação inesperada: abriu a cortina do chuveiro e desceu um tabefe, veja bem, não foi tapa, foi tabefe mesmo, no traseiro da minha irmã, que não tinha nada a ver com a situação.

Aos prantos, porque o bumbum deve ter ardido com aquele tabefe que fez até estalo, ela falou, soluçando:

"Eu não fiz nada, tô aqui quieta tomando banho enquanto esses dois ficam enchendo o saco."

E minha mãe, acredito que depois de se dar conta, mas não querendo dar o braço a torcer, gritou:

"Não fez nada, mas é pelo que você ainda vai fazer. E saia logo desse banho para sua irmã poder entrar, ela está toda mijada!".

Até hoje lembro do barulho do tapa naquele bumbum molhado.

Foi muito injusto com minha irmã, porque eu e o Fabio, na realidade, só tomamos um tapinha que nem doeu. Quando lembramos disso hoje em dia, acho que minha mãe se sente meio culpada, mas já faz tanto tempo que ela dá risada da história.

A verdade é que nós devíamos ser muito chatos de vez em quando, a ponto de despertar aquele acesso de loucura na minha mãe.

Com meu pai em casa, era muito difícil aprontarmos dessa forma, porque tínhamos muito mais medo dele.

Até acontecia vez ou outra, porque criança é impulsiva, mas bastava um olhar atravessado, que era típico dele, e calávamos a boca na hora.

·13·
TODOS OS BICHOS

Tive muitos bichinhos de estimação: pintinho, pato, dois passarinhos, dois gatos, peixinhos e um cachorro. O xodó entre todos eles era o Flecha, meu cachorro. Um vira-lata cruzado com fox paulistinha, provavelmente, pois ele era igual aos cachorros dessa raça. Ele era lindo e tinha um temperamento bem peculiar. O cachorro que todos na rua amavam.

Inclusive os guardas, pois o Flecha gostava de dormir solto, ficava fazendo a ronda pela rua junto com os vigias, dormia ao pé deles ou, então, no tapete em frente à porta da nossa casa. Quando dormia em casa, era no quarto do meu irmão, no tapete ao pé da cama. Na hora de deitar, se ele não estivesse ali, era normal deixá-lo dormir do lado de fora, e era disso que ele gostava.

Vou contar um pouco sobre todos eles antes de o Flecha chegar em casa.

Os Gatos

Tivemos um gato cinza chamado Grecório. O nome veio do nosso sobrenome, que é Greco, por parte de pai. Íamos chamá-lo de Gregório, mas alguém sugeriu Grecório, fazendo esse trocadilho, e assim ficou.

Eu não era muito fã de gato e não lembro como ele apareceu em casa, mas era um gatinho simpático que de manhã vinha me acordar para que eu o levasse no canteiro do jardim para fazer xixi e cocô.

O fim do Grecório foi meio trágico. Ele tinha o hábito de dormir em cima da roda do carro ou em algum lugar por ali onde conseguisse se enfiar. Um dia, porém, minha mãe foi sair de carro e o coitado estava ali. Acho que muitos gatos devem morrer dessa forma, mas na época achamos que minha mãe era assassina e não gostava dele.

Depois tivemos a Mimosa, uma gata branca que, a princípio, parecia boazinha, e eu até acho que era mesmo, mas um dia meu tio Luiz, que morava ao lado de nossa casa, pai daqueles primos que já mencionei, o Luiz José, o Carlos e a Aninha, foi se deitar no sofá de casa e sentiu um cheiro muito forte de xixi. Ele tirou o encosto e se deu conta de que havia um rasgo no couro sintético. E a espuma, por dentro, estava com esse cheiro horrível. Concluímos que a gata fazia xixi ali e a espuma absorvia tudo, pois ela gostava de subir justamente nessa parte do sofá. E sabemos que gato tem o hábito de fazer xixi sempre no mesmo lugar. Meu pai, então, saiu com ela no carro e a largou bem longe de casa. É um horror pensar nisso hoje em dia, mas eu não soube na época. Foi bem aquela coisa de que o gato fugiu, porque gato gosta de sair nas suas andanças e se perde...

O Pato e o Pintinho

O pato e o pintinho, como eu já contei, foram comprados na feira, mas viveram pouco. O pato morreu no banho de sabão que minha prima Aninha resolveu dar nele, e o pintinho morreu quando meu pai estava dançando e pisou no coitado, que, apesar de torto, ainda durou alguns dias.

Os Peixinhos

Meu pai adorava montar aquário, por isso tivemos vários peixinhos, mas o que mais me lembro é de quando a tia Fina matou um de nossos peixinhos de tanta comida que colocou no aquário. Não lembro de cada um especificamente, mas me recordo de lavar o aquário, comprar pedrinhas, bomba, luzinhas, de alimentá-los... A gente fazia isso junto com meu pai e era uma diversão, mas o episódio que realmente ficou marcado foi esse da minha tia.

Os Canarinhos

Tivemos dois canários: um amarelinho, que ficava pendurado na sala e cantava loucamente o dia inteiro e só parava se a gente apagasse a luz e o cobrisse com a capa de dormir – mas logo cedo, mesmo antes de tirar a capa, ele já estava lá a plenos pulmões.

Às vezes era difícil até falar ao telefone. O nome dele era Chiquinho, em homenagem ao Chico Buarque, de quem minha mãe, minha irmã e eu éramos fãs. Certo dia, o Chiquinho estava cantando quando de repente começou a se debater e caiu duro. Deve ter morrido do coração.

Depois tivemos um canarinho que meu tio Vito, irmão de minha mãe, nos deu. Era branquinho e malhado de preto, mas esse não cantava tanto quanto o outro e não me lembro o nome dele. Só lembro que ele dormia no quartinho nos fundos de casa, pendurado no teto. Um dia, porém, alguém, por preguiça ou esquecimento, não o pendurou no gancho em cima e esqueceu a porta encostada. Não sei se fui eu ou meus irmãos. No dia seguinte só encontramos pena para todos os lados e a gaiola caída, destroçada. Para o azar do coitado, um gato deve ter entrado em casa, e nunca mais tivemos passarinhos.

O Flecha

O Flecha chegou em casa quando era filhotinho. Certo dia, um vizinho do meu tio tocou a campainha em casa com o Flecha na mão e perguntou se a gente queria ficar com ele. Minha mãe não queria, mas foi impossível resistir a três crianças pequenas implorando já com o cachorrinho no colo. Meu pai foi quem deixou, e minha mãe acabou concordando.

Ele foi o cachorro mais companheiro do mundo. Era muito especial, e na rua era parecido com meu irmão. Tinha sua própria turma, e era o líder, sem a menor dúvida. Outros dois cachorros viviam por ali atrás dele: o Peter, um fox terrier, e o Jeremias, mas não disputavam território com ele. Tinha também o Scooby, um cachorro vira-lata preto e bem peludo dos nossos vizinhos da frente que eram como nossos irmãos: o Mike, a Vivian e a Vanessa, mas a gente achava as atitudes do Scooby bem suspeitas, pois ele tentava trepar no Flecha insistentemente e só parava porque ele dava umas rosnadas para ele. A Taba era a cachorra da minha amiga Maricy. Ela era pretinha e bem atarracada, também vira-lata. Sempre ia atrás dos outros cachorros, mas, apesar de ser fêmea, não havia atrito entre os machos, porque ela era castrada. Também tinha o Aurus, um cão da raça fila que vivia preso junto com um mastim-napolitano. Eram muito bravos e pertenciam a um coronel italiano ou algo assim. Mas nem com esses cachorros o Flecha se intimidava. Uma vez ele entrou na casa deles sorrateiramente pela grade do portão e roubou o osso do cachorro na maior cara de pau. O dono italiano estava do lado de fora e gritava algo do tipo: "Flecha, cuidado que ele te *mangia!*".

Ainda bem que ele saiu vivo, porque um dia o mastim atacou a moça que trabalhava na casa há anos e cuidava dele. Ela foi lavar o quintal e, ao jogar água perto do cachorro, ele a atacou, dando-lhe uma abocanhada na cabeça. A moça foi parar no hospital e voltou com a cabeça toda enfaixada. O Aurus havia morrido e acho que o mastim ficou meio alterado. Não lembro o que aconteceu com o cachorro ou se a moça pediu as contas, mas tínhamos muito medo deles dois.

O Flecha, não, ele nem ligava para eles, parecia que não tinha noção do perigo com cachorros grandalhões. Quando viajávamos para a praia Martim de Sá, em Caraguatatuba, ele se achava o dono de uma cadelinha que tinha nas redondezas e brigava com cachorros muito maiores que ele por causa da Daquinha. Esse foi o nome que meu pai deu para a cachorrinha. Às vezes, o Flecha aparecia todo machucado e sangrando, com a orelha rasgada, por se meter em brigas.

Um dia, roubou uma bela bisteca no churrasco que o vizinho estava fazendo e chegou em casa lambendo os beiços com a carne na boca.

Era o tipo de cachorro que vivia no meio das crianças, latia para os carros que passavam na rua e saía correndo atrás do veículo até ele sair da rua; latia também para estranhos, como o homem do saco, mas era muito brincalhão com as crianças. Uma vez fugiu por 15 dias, mas a pessoa que o encontrou viu que a coleira dele tinha o telefone de casa. Na verdade, ele deve ter se perdido. Foi uma choradeira quando ele sumiu e uma alegria quando ele voltou.

Era um cachorro que fazia de tudo e participou de toda a nossa infância. Acho que morreu com uns 12 anos, quando eu já era adolescente. Ele adorava caçar ratos na rua e acabou morrendo de leptospirose. Meu pai passou a última noite dele dormindo ao seu lado até que o levou no veterinário e já não tinha mais o que fazer. Tiveram que sacrificá-lo. Foi muito triste, e para mim nunca mais existiu cachorro como ele. Ganhei depois um pastor-alemão que se chamava Orion, mas ele destruía toda a casa, então acabou indo embora em menos de um mês. Foi tão rápido que mal lembro que tive esse cachorro, apesar de ele ser lindo. Na casa em que ele foi morar tinha piscina, e ele morreu afogado logo nos primeiros dias. Muito triste.

Meu filho, hoje, tem um vira-lata que foi pego nesses lugares de adoção; ele chama Pipoca e já tem uns 12 anos também. Para mim, é a reencarnação do Flecha, tanto no temperamento como na esperteza.

Praticamente todas as crianças da vila que cresceram comigo hoje são casadas, com filhos, mas todos ainda têm a lembrança nítida do Flecha como o cachorro de todos!

· 14 ·
KIKOS MARINHOS

Existia uma moda na vila, que eram aquelas coleções que fizeram a alegria da criançada por um bom tempo. Algumas mais marcantes do que outras.

Eu adorava as coleções da Coca-Cola. Uma das mais tradicionais eram os ioiôs. Nunca fui boa nisso; meu ioiô descia, mas eu nunca conseguia fazê-lo se enrolar novamente. Eu sentia a maior inveja daquelas crianças que faziam altos malabarismos com o ioiô, parecendo mágica. De qualquer forma, eu insistia em querer completar a coleção e amava o ioiô laranja da Fanta. Tinham várias cores. O tradicional, vermelho, o da Sprite, verde, e o da Fanta Uva, roxo.

A Coca-Cola é o símbolo de coleções de que eu mais tenho lembranças.

Aquelas minigarrafinhas também eram uma sensação. E o legal era completar o engradado, com todas elas dentro.

Outra coleção que eu também gostava, ainda da Coca, eram os personagens da Disney que vinham no fundo das tampinhas das garrafas.

Eles eram estampados em uma película de plástico que ficava grudada no fundo, então era só retirar essa película com algo que tivesse ponta.

O gostoso das coleções era poder trocar os repetidos com os amigos.

Já com as figurinhas, ainda mais legal do que trocar era ganhar no bafo, mas eu também era muito ruim nisso. Eu raramente conseguia virar algum montinho, já os meninos eram muito bons. Tinha até um álbum que não era de figurinha normal: elas eram arredondadas e de metal, então o álbum ficava pesado demais. Até hoje adoro colecionar os álbuns de figurinhas na época da Copa do Mundo.

Também havia as coleções de bolinhas de gude. Não me lembro das regras do jogo, mas a gente fazia um círculo de giz no asfalto da rua e ficava disputando bolinha a bolinha com nossos vizinhos.

Por falar em bolinha, um negócio que virou mania foi o Bate Bag, que eram duas bolas do tamanho de uma bola de pingue-pongue, só que pesadas, presas cada uma na ponta de um mesmo fio. A gente segurava um objeto de plástico, de onde os fios se dividiam em dois, e ficávamos mexendo o pulso de leve, fazendo com que essas bolinhas batessem uma na outra. Um dos malabarismos era batê-las embaixo e fazer força para batê-las em cima. O problema é que muitas vezes as duas bolinhas batiam juntas no braço como se estivessem dando um beliscão na nossa pele, o que era bem doloroso e podia até deixar um roxo.

Vários tipos de coleção passaram pela vila na minha infância, mas teve uma coisa que virou mania mundial, e quem é da minha geração deve se lembrar dos famosos Kikos Marinhos, porque foi a maior febre na década de 80 e a maior enganação que eu já vi. As bancas de jornal devem ter faturado horrores.

A gente comprava um kit em que vinha um pacotinho do tamanho de um pacote de figurinhas mesmo. Dentro desses pacotes vinha um pozinho, que eram os ovinhos das possíveis criaturinhas. E tinha um outro envelopinho com a ração para alimentá-los.

O que se falava era que esse pozinho, se colocado num aquário com água, faria nascer vários monstrinhos de até dois centímetros que iriam interagir com a gente. Então despejávamos os pacotinhos na água, observando se aquele pozinho mágico se transformaria mesmo em pequenas criaturas, uma mais esquisita que a outra, mas os dias se passavam e nada acontecia, então voltávamos na banca em busca de novos pacotinhos.

A água limpa do aquário virava água suja e nada mais. Íamos em todos os vizinhos para acompanhar se alguém já tinha um monstrinho para que pudéssemos matar nossa curiosidade. Qualquer coisinha boiando na água dava asas a nossa imaginação sedenta, fantasiávamos que era um filhotinho começando a se desenvolver. Depois percebíamos que era apenas sujeira de tanto pozinho. Uma frustração.

A maior enganação que eu já vi, mas é tão vivo para mim ainda hoje que eu consigo me lembrar até da emoção que a gente sentia na época a cada pacotinho despejado no aquário. Era uma verdadeira euforia.

Na realidade, o Kikos Marinhos era um ovo desidratado que, se desse certo, se transformaria em pequenos crustáceos, mas na embalagem havia fotos de pequenos seres meio humanoides, e achávamos que aquelas criaturinhas cresceriam a ponto de brincar com a gente.

Foi uma febre, uma corrida avassaladora às bancas. Eu entendo que criança é ingênua e acredita nesse tipo de ilusão, mas como meus pais deixaram que a gente caísse nesse golpe?

Bom, outras tantas coleções vieram e passaram, mas certamente essa foi a mais marcante da minha época.

· 15 ·
FILMINHO SUPER 8

Nossas festas de aniversário eram a sensação da vila. Vinha a meninada toda se empanturrar das gostosuras que minha mãe fazia. Eram umas 35 crianças.

O que eu mais adorava eram os preparativos da festa, que aconteciam em dobro. Eu e a Marta fazíamos aniversário em agosto, ela no dia 2 e eu no dia 6. Minha mãe fazia duas festas separadas, para a nossa alegria.

Havia uma japonesa na Rua Joaquim Floriano que vendia aqueles salgadinhos tipo uns estufadinhos de queijo e um outro sabor bacon, e eu adorava ir até lá para escolher os meus preferidos, porque me empanturrava só de olhar todos os recipientes e pedir para o moço os que eu queria experimentar. Ele vinha com aquele cone de metal e pegava um punhado de cada um. Nossa, como eu amava aquilo! E minha mãe comprava um minicone, que parecia uma casquinha de sorvete, e colocava dentro dele um recheio de creme de nozes, uma delícia!

A parte que eu e minha irmã mais gostávamos era ver minha mãe fazendo aquele panelão de brigadeiro; até a vizinha ajudava junto com a Vanessa e a Vivian, que eram filhas dela e como se fossem nossas irmãs. Enrolávamos um por um, depois púnhamos o granulado. Claro que nesse meio-tempo muitos iam parar na nossa barriga.

Minha mãe também fazia minissanduíches de carne louca, cachorro-quente, além de vários tipos de salgadinhos.

O bolo era enfeitado com o tema da festa. Me lembro bem do bolo trenzinho. As rodas eram feitas de bolachas recheadas de chocolate, a parte de trás, onde ficava a lenha, era toda feita de uns palitinhos de chocolate, que se chamavam Deditos, as grades da lateral eram feitas com palitos de sorvete, e ele era todo enfeitado por confetes de chocolate coloridos.

As crianças iam entrando e se aboletando na sala em polvorosa, porque o mais legal da festa, o momento mais esperado, eram os filminhos que meu pai passava em seu projetor Super 8.

Então todo aniversário ele alugava filmes da Disney e projetava na sala.

Na época não existia videocassete ou DVD, então não era fácil ver esses desenhos a qualquer momento. Não havia locadora, e só se assistia quando passavam na TV ou no cinema. O filme que fazia o maior sucesso na época e o mais marcante era *101 Dálmatas*. Sabíamos de cor tudo o que ia acontecer, sofríamos quando os cachorrinhos eram capturados e vibrávamos quando conseguiam se livrar da Cruela Cruel. Adorava assistir à cena em que cada cachorro se parecia com seu próprio dono. Achava o máximo.

Era o único momento da festa em que todas as crianças ficavam quietas e, quando o filme terminava, queriam mais.

Minha prima Aninha só parava de ver porque, gulosa como era, ia assaltar a mesa de doces e voltava com as mãos cheias, mas as outras crianças nem respiravam.

Outra coisa que o papai passava e as crianças também adoravam ver eram slides, mas o engraçado é que não eram histórias, eram apenas slides de nossas férias, e, mesmo assim, todo mundo adorava ver nossas peripécias na praia ou onde quer que fosse, sempre com o Flecha junto.

Ele era a sensação, tanto quanto os dálmatas.

Depois uma parte da festa ia para a rua e a outra parte se animava com os trens fantasmas que meu primo Luiz José fazia em nosso quarto. Ele tocava o terror na meninada criando armadilhas no quarto escuro, onde ele conduzia cada um, e seu único ajudante era o que ficava debaixo da cama para puxar o pé das pessoas, ou com máscara de monstro, preparado para gritar assim que meu primo o iluminasse com a lanterna. Era um suspense o que acontecia lá dentro e os gritos eram realmente de medo, fazendo nosso coração bater em disparada ao escutarmos do lado de fora esperando a nossa vez.

Na hora dos parabéns, a gente cantava a plenos pulmões de propósito, só porque a vizinha chata, quando sabia que ia ter festa, pedia para cantarmos baixo porque os filhos dela estariam dormindo. Claro que a cantoria virava gritaria. E depois íamos para a rua brincar de Polícia e Ladrão. Ou seja, a última coisa que os filhos da vizinha conseguiam era dormir em paz.

As crianças terminavam a noite totalmente descabeladas e suadas, sujas de brigadeiro ou qualquer outra coisa de chocolate. Era uma folia.

O Marcelo, um de nossos vizinhos, era terrível, estava sempre aprontando com alguma criança. Brincadeiras não faltavam, e também uma dose ou outra de maldade de alguma criança, mas no final do dia tudo o que ficava era a lembrança dos filminhos Super 8 que o papai passava. Então, se tem um desenho da Disney que representa a minha infância e que mais me marcou foi *101 Dálmatas*, aquele desfile de cachorros com a cara de seus donos, a sala escura com um feixe de luz projetando o filme e aquele barulhinho do projetor de Super 8.

· 16 ·
O BRINCO-DE-PRINCESA DA VIZINHA

Tivemos alguns vizinhos na casa da esquina. Uma delas se chamava Gisele e tinha dois filhos pequenos, o Alan e o Arthur. Ela não era a vizinha ideal para morar numa rua cheia de crianças. Os filhos dela não podiam fazer nada, enquanto a gente corria e brincava o dia todo. Éramos iguais ao Cascão de tão encardidos que ficávamos ao fim do dia, enquanto o Alan e o Arthur pareciam lordes.

Eles tinham muitas regras dentro de casa, e ela também tentava impor algumas regras para a gente. Nós não podíamos fazer barulho em alguns momentos do dia, porque eles dormiam após o almoço e à noite deitavam bem cedo. Mas era impossível controlar o barulho em uma rua com mais de 20 crianças.

Como eu mencionei antes, nas festas de aniversário tínhamos que cantar parabéns em silêncio, mas é claro que, na prática, ninguém conseguia calar a criançada.

Certa vez, minha mãe estava conversando com a Gisele através da grade que separava a nossa casa da dela, porque uma bola minha havia caído do lado de lá e ela jogou de volta, só que furada, com um rombo feito por tesoura. Era uma bola de plástico cor-de-rosa, que parecia cheia de purpurina. Eu amava essa bola.

Chorei feito louca, mas louca era a vizinha, que não podia ver a gente brincando e feliz. Minha mãe disse que, enquanto tentava mostrar à Gisele que ela estava numa rua cheia de crianças e não poderia agir daquela forma, o Marcelo, nosso amigo que morava praticamente em frente à minha casa e também era muito levado, aproveitou que os filhos dela estavam sentados no chão da garagem do lado de dentro, mas grudados no portão, e, bem sorrateiramente, pisou no dedinho de um dos meninos de propósito por raiva da mãe, que sempre estragava nossas brincadeiras. O menino, então, caiu no choro e a conversa educada entre ela e minha mãe foi por água abaixo.

"Tá vendo esses vândalos?", dizia ela.

"Gisele, se você não pode ter vizinhos, não gosta de barulho nem de crianças, devia morar no Morumbi, assim você não terá muito contato com quem mora ao seu lado. Vila não é um lugar para vocês."

A sorte é que minha mãe era muito calma para lidar com essa chatice toda, bem ao contrário do meu pai. Se ele estivesse lá na hora do ocorrido com a bola, com certeza a conversa teria sido outra...

Minha mãe disse um tempo depois que de fato ela foi morar no Morumbi, mas, quando meu pai a encontrou alguns anos mais tarde no clube, ela disse que se arrependia dessa mudança, porque os filhos acabaram ficando muito isolados.

Ela tinha uma mentalidade realmente muito difícil, o que podemos perceber pelo episódio da bola furada. E esse foi apenas um dos episódios; houve vários outros, mas um deles foi bem marcante.

Certa vez, meu pai parou o carro em frente a nossa casa, em vez de colocá-lo dentro da garagem. Logo em seguida ela veio tocar a campainha para dizer que parte da traseira do carro do meu pai estava ocupando parte da frente da casa dela; acontece que era na parte em que a guia não é rebaixada, ou seja, não interferia na saída ou na entrada do carro dela, mas ela queria que meu pai tirasse de qualquer maneira a traseira do carro da parte que era dela.

Meu pai falou que aquilo era uma bobagem, que o carro não estava atrapalhando nem estava na frente da garagem dela, eram apenas alguns centímetros para o lado dela, e que ele logo sairia com o carro, mas ela foi irredutível, ou seja, ela era muito chata.

Minha mãe disse que em determinado momento meu pai se cansou de tentar fazê-la entender que aquilo era uma implicância besta, então ele entrou em casa e não saiu por um tempo, enquanto minha mãe mais uma vez tentava acalmar a vizinha.

Assim como minha mãe, ela era louca por plantas, e no muro

dela, que fazia divisa com o nosso, havia uma trepadeira lindíssima chamada brinco-de-princesa, que era enorme e muito florida. O muro subia apenas até a metade, e depois vinha uma grade. A trepadeira cresceu por toda a grade e, claro, para o alto, caindo muitos cachos do brinco-de-princesa para o nosso lado. Minha mãe amava essa planta, e ela realmente era linda, apesar de manchar todo o chão de nossa casa quando caía, porque a cor dela era um rosa bem forte. Aliás, eu adorava pegar as plantas que caíam para amassá-las em um copo com água, fazendo experiência química com as cores.

Voltando à confusão com a vizinha, quando meu pai voltou, ele estava com um serrote na mão. Não, ele não queria serrar a vizinha ao meio. Ele começou a serrar os galhos da trepadeira que estavam caindo para o nosso lado. Minha mãe quase teve um treco, e a vizinha ficou horrorizada. Não mexa com mulheres que gostem de plantas, e muito menos nas plantas delas, pois elas podem ficar muito raivosas.

De repente as duas se voltaram contra meu pai, que estava acabando com toda a trepadeira.

"Raphael, pare com isso!", dizia minha mãe.

"Pelo amor de Deus, por que você está fazendo isso?", gritava a vizinha em descompostura.

"Ué, a sua árvore está caindo na parte de dentro da minha casa, assim como a traseira do meu carro invadiu o seu lado. Então estou tirando o que invade o meu pedaço", disse meu pai, furioso.

Em seguida, meu pai puxou o carro alguns centímetros, tirando da frente da casa dela.

Minha mãe e ela ficaram em choque, óbvio, mas acho que ela entendeu o recado. Uma pena... Meu pai disse que não gostou de ter feito aquilo, porque ele gostava do brinco-de-princesa, mas achou que apenas agindo assim, com a mesma mentalidade dela, Gisele entenderia suas próprias atitudes. Foi de cortar o coração.

Lembro dos cotocos lá no alto, bem na divisa da grade. Um pecado.

Ainda bem que não sobrou para o chorão, a outra árvore dela que também invadia a nossa casa e era linda.

·17·
FABIO, O ANDAIME E A CAMPAINHA

Como eu já contei várias vezes, meu irmão era terrível. De um jeito ou de outro estava sempre aprontando. Seja na infância ou na adolescência.

Vou contar um exemplo da infância. No início, a vila não era em formato de U. Eram duas vilas separadas, até que começaram a construir a parte da voltinha do U, que acabou unindo as duas ruas.

Quando estavam construindo essa parte da vila, havia muitos andaimes por ali. E é claro que, em um lugar cheio de andaimes e moleques por volta dos seus 8 a 10 anos, alguma coisa só pode dar errado.

Passávamos o dia na rua, e meu irmão e os amigos tinham uma atração especial por aquela parte que estava em construção.

Montes de areia e cimento para cavar, se jogar, meter a mão onde não devia e muita madeira para inventar brincadeira besta que também não devia, além dos andaimes.

Pois meu irmão fez a proeza de causar dois incidentes na mesma obra.

Em um deles, junto com Mike, nosso vizinho da frente que não desgrudava de Fabio, teve a ideia de pegar uma tábua, apoiá-la em cima de um paralelepípedo, como se fosse uma gangorra, e, enquanto Mike colocava um tijolo partido ao meio em uma das pontas, Fabio pulava na outra, igualzinho ao desenho do Tom e Jerry. E, assim como no desenho do Tom e Jerry, o tijolo foi parar direto na testa dele.

E nem teve choradeira, porque meu irmão caía, se machucava todo, mas acho que nunca o vi chorar, nem quando brigava na rua.

O outro incidente aconteceu quando os meninos da rua subiam

de lá para cá no andaime. De repente se escutou uma gritaria danada e os meninos correram em direção a minha casa gritando:

"Tia Anna, tia Anna, o Fabio caiu do andaime!!!".

Um detalhe é que eles traziam na mão o relógio de pulso do meu irmão todo quebrado para entregar à minha mãe. Imagine como ela ficou. Se o relógio estava quebrado e o Fabio não veio junto com os meninos, em que estado ele estaria?

No final das contas ele estava todo ralado e esfolado, entrou andando em casa torto e manco, parecendo o corcunda de Notre-Dame, mas não quebrou absolutamente nada. Minha mãe, cansada e preocupada de tanto que ele caía e batia a cabeça, foi ao pediatra com ele e falou que iria proibi-lo de subir em muro ou qualquer outro canto. O pediatra simplesmente sugeriu que ela comprasse um capacete e deixasse meu irmão brincar o quanto quisesse.

Bom, ele nunca usou o capacete e continuou escalando tudo o que era canto. Continuou caindo e se machucando, mas nada grave. Meu sobrinho, filho do meu irmão, quando pequeno, também vivia subindo em tudo e caindo, sempre com um galo na cabeça, mas acho que ele também era cabeça-dura, porque, assim como o pai, nada de grave acontecia e depois ele estava pronto para outra. Como dizem, filho de peixe, peixinho é.

Um outro episódio de que me lembro, já mais para o início da adolescência, foi quando ele saiu para uma festa. Minha mãe já tinha avisado da última vez que, se ele perdesse a chave de casa novamente, não adiantaria tocar a campainha, pois ninguém atenderia e ele dormiria na rua. Ela levantava às 6 horas da manhã para trabalhar, e nessa época meus pais já eram separados. Ou seja, aguentar filho adolescente a dois já é muito difícil, imagine sozinha. O que ela falava entrava por um ouvido e saía pelo outro. E tudo era previsível, porque nunca vi alguém tão cabeça de vento quanto ele: perdia toda hora chave, carteira, entre outras coisas. Era sempre aquela novela que você já sabia como ia terminar.

Só sei que naquele dia ele foi avisado e, como previsto, ele perdeu a chave.

Já tarde da noite, eu, minha irmã e minha mãe acordamos com o barulho da campainha. Eu e a Marta sabíamos que não era para abrir a porta, portanto ficamos na cama. Minha mãe também não foi abrir a porta. Até que meu irmão teve outra de suas brilhantes ideias, que, nesse caso, até funcionou. Ele achou um pedaço de palito de sorvete, prendeu na campainha e, enquanto ela disparava loucamente, deixando todos malucos, foi dar uma volta na vila. Aquele som, que mais parecia uma sirene desembestada no trânsito, foi ficando cada vez mais retumbante na nossa cabeça e, claro, na cabeça do vizinho também.

De repente minha mãe escutou o Rubão, nosso vizinho que parecia o Fred Flintstone e que era bem esquentado, abrindo a janela e gritando para saber que estava acontecendo.

Ela, morrendo de medo de ele perdesse a paciência com o Fabio e de que o Fabio começasse a responder para ele, correu para abrir a porta e tirar o maldito palito da campainha. Alguns segundos depois, meu irmão entrou pela porta enquanto minha mãe gritava enlouquecida com ele. Imagino que aquele era um dos momentos em que ela se arrependia amargamente de ter tido filhos. Só sei que a gritaria era tanta que eu desci correndo e vi minha mãe estapeando meu irmão. Ele a segurava para afastá-la, então eu pulei por trás dele e a gente começou a se bater. Minha mãe só conseguiu parar nossa briga dando uma sapatada nele. Minha irmã, que estava igual a um saci com um pé enfaixado, só ficou olhando assustada da escada.

Aquilo parecia a casa da mãe joana.

Como a gente se irritava com essa fase cabeça de vento. E minha briga com ele foi tão feia que ele quase destroncou meu braço. A gente brigava, mas 10 minutos depois eu já estava falando com ele como se nada tivesse acontecido. Ele também não era de guardar raiva. Já a Marta ficava emburrada por dias.

Mas nesse dia fiquei tão chateada que, quando meu irmão veio falar comigo um tempo depois, respondi que não queria falar com ele, me fechei no quarto e fui deitar. Ele insistiu pedindo desculpas, mas eu falei que realmente não queria falar com ele.

Aquilo deve ter sido bem estranho para ele, porque eu sempre esquecia uma briga em 5 minutos, tinha muita dificuldade em guardar raiva, mas naquele dia fiquei muito triste e não quis saber, ignorei-o completamente. No outro dia também acordei sem querer conversar com ele e, se tinha uma coisa que eu não fazia, era acordar mal-humorada. Eu acordava sempre de muito bom humor, mas não abri a boca no café da manhã nem olhei para ele, que logo percebeu que eu realmente havia ficado chateada e não queria conversar.

No final do dia, quando meu irmão estava voltando para casa, vi ele carregando um embrulho da Amor aos Pedaços que tinha na esquina da Clodomiro Amazonas com a Leopoldo. Quando ele entrou, me entregou um pedaço de bolo que havia comprado e me pediu desculpas. Eu aceitei, achei engraçado, afinal esse tipo de gentileza não era do feitio dele, mas àquela altura do dia eu nem estava mais brava. De qualquer maneira, adorei ganhar um pedaço de bolo.

Outras tantas brigas vieram, mas aquela foi a única vez em que ganhei bolo como pedido de desculpas e a única também em que fiquei sem falar com ele. Nas outras, como sempre, logo em seguida já fazíamos as pazes.

·18·
O AVÔ DE TODOS

Eu adorava meu avô Nicolla. Infelizmente ele morreu quando eu tinha 8 anos, mas tenho muitas lembranças dele. Meu pai tem o gênio bem parecido com o dele, e, segundo meu pai, meu irmão devia ser sua encarnação direta. Era tão terrível quanto ele.

Meu avô nasceu na Itália e veio para São Paulo ainda pequeno, época em que muitos imigrantes italianos chegaram no Brasil.

Sua mãe era viúva e seu irmão foi lutar na Primeira Guerra. Então, aos 13 anos, ele teve que trabalhar para sustentar a família. Lembro que o vovô desenhava muito bem, tinha um caderno com desenhos maravilhosos separados página por página com uma folha de papel de seda. Infelizmente, ele não pôde se tornar um artista como gostaria. Acabou trabalhando como designer de móveis na casa Riccó e depois na Casa Teperman.

Era o perfeito calabrês, tanto na fisionomia quanto no gênio. Ao mesmo tempo, era um doce de pessoa e um avô maravilhoso.

Minha avó Linda morreu quando eu tinha 4 anos; ela era filha de italianos, também nascida na Itália e, assim como meu avô, veio ainda pequena para o Brasil. Eu me lembro muito pouco dela, mas nenhuma dessas lembranças aconteceu na vila, lembro-me apenas da sua casa no Brás, com um quintal de cimento escuro. Achava aquela casa bem sombria.

Acho que a única coisa de que me lembro é que ela era muito boa e quietinha.

Minha mãe diz que meu avô ficou muito frustrado quando meu irmão nasceu. Como bom italiano, em vez de ficar feliz por ter nascido um macho para levar adiante o sobrenome Greco, queria, na verdade, uma neta.

Ou seja, quando a Marta nasceu foi a alegria dele. Acho que ela também era o xodó do vovô, assim como era do meu pai.

No fundo, ele tinha paixão pelas três netas: eu, minha irmã e minha prima Aninha, mas também era louco pelo meu irmão e meus primos Luiz José e Carlos.

Ele adorava dar vestidos de presente às netas. Minha mãe dizia que ele os escolhia a dedo, e era um mais lindo que o outro. Depois, ficava muito orgulhoso quando alguém fazia um elogio, dizendo que estávamos bem-vestidas.

Certa vez, ele deu uma boneca italiana maravilhosa chamada Michella de presente para minha irmã. Ela cantava algo do tipo "Giro giro mondo...", e do resto da música não me lembro, mas era em italiano e terminava com uma rima. A boneca piscava os olhos quando cantava, era o seu charme. Tinha cílios longos e os olhos grandes e claros. Perfeita para a Marta, que também era uma bonequinha quando pequena, como dizia meu pai. E minha irmã era realmente muito bonitinha.

A voz que saía daquela boneca era o máximo, mas então ocorreu algo muito triste. Meu pai, com sua loucura por aquários, e meu irmão resolveram tirar o motorzinho das costas da boneca para criar uma bomba! Isso mesmo, o aquário que eles estavam montando acabava de ganhar uma bomba nova feita com o motorzinho da Michella, que, obviamente, perdeu a voz.

Acho que eles não aguentavam mais a boneca cantando "Giro giro mondo", então fizeram igual às mães fazem com aqueles brinquedos a pilha insuportáveis que deixam qualquer um maluco: num certo dia vêm com aquela voz meiga dizendo que "acabou" a pilha, por isso o brinquedo não toca mais.

Foi essa mesma voz que ela e meu pai fizeram para contar que nosso gato, aquele que fazia xixi no sofá, havia "fugido", assim, de repente. Quem nunca teve um bichinho que "fugiu" ou conhece um amigo que teve?

Mas, no caso da boneca, foi um pecado, porque era lindo vê-la cantando. Para nós duas, era o canto mais doce que existia. Sem falar no quanto chorou a coitada da Marta. Nem sei se meu avô soube disso.

Todo domingo, meu avô vinha do Brás nos visitar. Como ele chegava bem cedinho e não tinha a chave, em vez de tocar a campainha, ele se sentava na frente de casa, naquelas cadeiras de madeira e tecido iguais às dos diretores de cinema, que têm os pés cruzados e são dobráveis.

Conforme as crianças da rua acordavam, corriam para dentro da nossa varanda e ficavam lá conversando com ele. Todos adoravam o vô Nicolla, ele sempre trazia alguma guloseima para a meninada da vila e fazia sua distribuição matinal. Meus pais acordavam com a molecada rindo e papeando com ele. O Marcelo era o primeiro vizinho que chegava lá, e aos poucos iam chegando os outros.

A gente pulava da cama e corria para resgatar o nosso avô só para nós.

E lá vinha ele com o seu tradicional embrulho em papel pardo amarrado com barbante de onde saíam as guloseimas. Eram doces e biscoitos.

Aquelas balas de goma redondinhas e coloridas embaladas enfileiradas uma atrás da outra num celofane torcido na ponta para arrematar. Trazia também maria-mole, com aquele coco delicioso ralado em cima, moedinhas de chocolate que pareciam de ouro, umas balinhas que tinham formato de feijão, só que maiores e mais gordinhas, de várias cores, com uma casquinha açucarada por fora e de goma por dentro. Acho que o nome era Delicado. Corante era o que não faltava nesses doces. Depois vinham os biscoitos recheados de chocolate e outros de coco que derretiam na boca. Todas gostosuras proibidas que raramente tínhamos em casa, já que meu pai era dentista e barrava a entrada de balas e porcarias açucaradas.

Ahhh, mas nesse dia podia tudo.

Embora minha mãe burlasse um pouco a regra fazendo algum bolo para comermos no lanche da tarde durante a semana. Meu pai até tentava dificultar a vida dela não comprando a batedeira, mas ela batia à mão mesmo assim.

Bolo ele até deixava; era bolo de laranja, bolo de cenoura, bolo mesclado, entre muitos outros. E aos domingos ela fazia pudim de leite com aquela calda por cima, especialmente porque o vovô adorava.

Mas, realmente, balas, pirulitos e chocolate eram coisas que não podíamos comer no dia a dia. E refrigerante podia somente nos almoços de domingo, por isso o vovô foi literalmente uma lembrança doce em nossas vidas.

Ele também tinha outra mania: dava dinheiro para que comprássemos essas coisas que crianças gostam. Claro que era trocado. Meu irmão e minha irmã ganhavam uma nota de um cruzeiro, mas eu não gostava que ele me desse dinheiro.

Primeiro, porque às vezes vinha meio rasgado ou amassado. Segundo, porque eu gostava mesmo era de moedinhas, e não era para colocar em cofrinhos. Então ele fazia uma pilha com um punhado delas e enrolava no durex. Nossa! Eu me sentia muito mais rica que meus irmãos.

Quando passava o carrinho do sorveteiro, a gente corria para comprar um sorvete e ver se vinha o palito premiado da Kibon, com "vale mais um picolé", ou então comprávamos chicletes Ploc ou aqueles pirulitos vermelhos em formato de chupeta, açúcar puro.

Tudo isso além de poder comer todas as guloseimas que o vovô já tinha trazido.

De vez em quando, no fim de semana, passava um moço magro e alto que vendia algodão-doce e maçã do amor espetados naquele isopor branco.

Não me lembro se podíamos comprar essas porcarias, mas meus olhos brilhavam com aquela visão. Me recordo mesmo de comer algodão-doce e maçã do amor quando íamos ao circo e depois ficar com as mãos melecadas e a boca tingida. Ou, então, quando íamos a um parque de diversões que tinha em Caraguatatuba.

Um dia tocou o telefone e era alguém querendo falar com meu pai. Depois de desligar, ele pegou a chave do seu Corcel azul-calcinha e saiu correndo para buscar meu avô em algum lugar. Lembro-me dele chegando em casa totalmente machucado. Parecia que tinha levado um tombo e caído de cara no chão, estava todo esfolado. Ele contou que havia caído no fosso do elevador, disse que a porta havia aberto em falso e que o elevador não estava lá... "Um perigo", dizia ele.

Ficamos impressionados. Depois disso, passei a me atentar muito mais na hora de entrar em um elevador para ter certeza de que ele estava lá de fato. Eu contava para todo mundo o que tinha acontecido com o vovô. Mas, quando adolescente, vim a descobrir que ele nunca tinha caído em fosso nenhum, que ele tinha era arrumado briga com alguém e estava daquele jeito porque apanhou bastante. E só descobri porque um dia fiquei falando para a minha mãe que achava muito estranha aquela história do fosso...

"Que fosso? Seu avô nunca caiu em um fosso...", disse ela rindo.

Ele jurava de pé junto que havia caído no fosso. Falei que ele era terrível!

Ele era tão engraçado que certa vez, vendo o Fabio brincar, ficava se gabando para o meu outro avô, Modesto, pai de minha mãe, que o neto dele era muito esperto, muito inteligente, até que meu avô Modesto disse para ver se ele parava de contar vantagem: "Seu Nicolla, você esqueceu que o Fabio também é meu neto".

Sem pestanejar, ele respondeu: "Ele pode até ser seu neto, mas carrega somente o nome Greco...". Um costume italiano era colocar nos filhos apenas o sobrenome do pai, por isso não tínhamos o sobrenome da minha mãe, o que me incomodou muito durante um tempo, afinal todos os nossos primos maternos (éramos em 15) tinham o sobrenome do meu avô Modesto e nós, não.

Estudei com vários dos primos na mesma escola por anos e queria que todo mundo soubesse que éramos primos apenas por escutar o sobrenome. É claro que todos na escola sabiam, mas na época era chato não ter o nome igual. Às vezes me sentia menos prima dos que também estavam no mesmo ano que eu, porque eles tinham o sobrenome Pedote e eu, não. Depois até passei a achar bom ter um nome e sobrenome tão curto, mas ser Greco, depois que o meu irmão já tinha passado pelos mesmos professores, era um horror. Quando, durante a chamada, eu escutava "Stela Greco" e respondia "Presente", já previa o que viria em seguida: "Greco? Você é irmã do Fabio Greco?".

Nessa hora eu gelava, porque ele era terrível, meus pais sempre eram chamados na escola. Por que raios não me perguntavam se eu era irmã da Marta, dois anos na minha frente, mas lembravam justo dele, que era 4 anos mais velho? Esse sobrenome às vezes era um problema.

Nessa hora preferia ter o sobrenome Pedote, afinal todos tiravam A. Mas, como um bom calabrês, meu avô Greco bem sabia onde apertava o calo do meu outro avô Pedote.

Com o tempo, o vovô Nicolla foi ficando esclerosado e veio morar com a gente. Um dia, num descuido de minha mãe, ele destrancou a porta e saiu comigo para passear a pé, só que ele não tinha mais a menor noção de aonde estava indo. A sorte é que logo minha mãe percebeu e saiu correndo atrás da gente. Foi um susto, mas eu nem me dei conta de que estava prestes a me perder com meu avô.

Ele foi ficando cada vez pior e teve que ir para uma casa de repouso, pois estava perigoso ficar com ele em casa. Toda hora algo sério acontecia envolvendo um de nós.

O lugar onde ele ficou se chamava Casa Rosada e ficava na Raposo Tavares. Íamos visitá-lo aos fins de semana. Era triste ver aqueles velhinhos todos.

Nem sempre o vovô lembrava da gente, mas um dia, quando estávamos lá, eu, meus irmãos e meus primos Luiz José, Carlos e

Aninha, o vovô olhou para o enfermeiro e de repente disse, apontando para a gente:

"Olhe, essa é minha ninhada".

Foi bonito ouvi-lo falar assim, naquele lampejo de lucidez.

Em outros momentos, normalmente ele estava brigando com o coitado do enfermeiro. Era difícil segurá-lo quando estava bravo, porque não queria tomar "pílulas e mais pílulas", como dizia o velhinho que também ficava no quarto dele. Dividir o quarto com ele não devia ser fácil, pois ele brigava com esse velhinho sempre que lhe dava na veneta, coitado.

Quem ele sempre reconhecia era minha mãe. Ele tinha adoração por ela desde seus 16 anos, quando ela começou a namorar meu pai. Para ele, ela era como uma filha. Quando a via, o vovô sempre tentava traçar planos para fugir de lá com ela. Contava para ela os planos mais mirabolantes e depois esquecia.

E ele também teimava com um moço que tinha um cabelo bem lisinho, meio tigela com a franja bem curta. Ele olhava para o moço e dizia para minha mãe: "Anna, aquele Nero ali vai botar fogo em Roma. Precisamos fugir daqui imediatamente. Vá comprar os bilhetes já". Minha mãe dava uma volta no jardim e depois dizia que já tinha providenciado as passagens. Ele respondia: "Ótimo! Guarde-as dentro da maçã para ninguém descobrir". E, sempre que o tal moço vinha visitar o pai, ele vinha com a conversa do Nero, do incêndio de Roma e dos bilhetes para a fuga. A gente achava divertido, mas no fundo era triste, porque seu esquecimento já estava bem avançado.

O lugar era muito bonito e todo arborizado, e eu sentia um misto de paz e tristeza quando estava lá.

Ele já estava velhinho e uma hora simplesmente morreu. Fiquei muito triste e é a primeira morte que de fato lembro, pois, quando minha avó Linda faleceu, eu era tão pequena que não tenho nenhuma lembrança.

Todas as crianças na vila sentiram muita falta do vô Nicolla e de suas visitas de domingo, trazendo sempre aquele monte de doces que distribuía com alegria.

E naquele dia tudo podia.

Ele era o avô de todos.

·19·
O ABC MUSICAL

Agora é a vez de contar sobre meu outro avô, Modesto, pai da minha mãe. Ele era o oposto do vô Nicolla: não tinha a mesma simpatia, estava sempre com a cara séria, mais carrancudo. Ele também era filho de imigrantes italianos, mas, ao contrário do vô Nicolla, nasceu em São Paulo e também morava no Brás, assim como vários imigrantes italianos. Era uma pessoa muito rígida com ele mesmo e sobretudo com minha mãe, a única menina entre seus outros três filhos.

Um exemplo dessa rigidez era que, por ser menina, ela não podia andar de bicicleta, enquanto seus irmãos viviam na rua pedalando para lá e para cá.

Para ela, só restava observá-los. Sorte que minha avó Maria, o maior encanto de pessoa que eu já conheci, como não concordava com ele, na maioria das vezes acobertava minha mãe.

Ao mesmo tempo em que era difícil ver meu avô abrir um sorriso, ele era muito especial, uma pessoa extraordinária e com muitas virtudes.

O vô Modesto era um autodidata, estudava muito e sabia de tudo, era músico, violinista, chegou a tocar em cinema mudo.

Eu achava o máximo saber disso. E, toda vez que a gente assistia a algum filme do Charlie Chaplin, eu imaginava que meu avô estava por trás daquelas cenas sentado com seu violino.

Depois ele chegou a ter uma barbearia e, mais tarde, uma bomboniere, mas infelizmente eu não era nascida nessa época para comer todos os doces de que minha mãe falava.

Ele também tinha muita habilidade com as mãos. Acho que meu tio Lino puxou isso dele. No fundo do quintal do vovô, tinha uma marcenaria e ele vivia lá consertando as coisas ou inventando outras. Também era do tipo que tirava o motor de um liquidificador e colocava em outra coisa que ele inventava. Parecia o Professor Pardal das revistinhas da turma do Tio Patinhas.

Quando aparecia em nossa casa, estava sempre arrumando para minha mãe algo que havia quebrado. Podia ser um ventilador, uma peça de madeira que havia perdido uma parte, qualquer coisa ele arrumava ou restaurava. Enquanto isso, minha avó Maria se punha a cozinhar. Ela fazia um molho de tomate tão maravilhoso que perfumava a casa toda e dava para sentir da rua enquanto brincávamos. Geralmente era às quintas-feiras. Eu entrava em casa e o pãozinho francês cortado em rodelinhas já me esperava para ser mergulhado naquele molho encorpado com aquela borda grossa na panela que eu esfregava com vontade.

Podia almoçar apenas o pão com molho, mas o que vinha junto era melhor ainda: o nhoque que a vovó fazia e cortava um a um. Adorava vê-la jogando aqueles quadradinhos todos na panela até que boiassem.

Pronto, logo eu estava me empanturrando e me lambuzando toda.

Agora você vai entender o que o lado musical do meu avô fazia com seus netos. Em um Natal, pedi de presente para meus pais um órgão da Hering. Não sei se essa marca tem alguma relação com a de roupas, mas essa era a marca do brinquedo. Ficava vidrada na árvore, fuçando todos os presentes para saber se eu ganharia o que havia pedido. Eu e meus irmãos mal podíamos nos conter na passagem da noite do dia 24 para o dia 25, tamanha a euforia.

Quando um acordava, ia lá e cutucava os outros. Descíamos a escada em disparada. E, depois de rasgar tantos papéis de presente, enfim abri meu órgão e, assim que colocamos a pilha, comecei a tocá-lo. Eu era uma negação, ouvido musical zero, nem parecia neta de meu avô. O bom é que vinha um livrinho com instruções, ensinando a tocar várias músicas famosas. Nas teclas vinham letras ou números sinalizados, não me lembro bem, mas era só tocar nas teclas que o manual indicava e pronto.

De uma hora para a outra eu estava tocando canções infantis ou outras conhecidas como a do pastorzinho que vivia a cantar:

Dó, ré, mi, fá, fá, fá
Dó, ré, dó, ré, ré, ré
Dó, sol, fá, mi, mi, mi
Dó, ré, mi, fá, fá, fá

Ao chegar em casa e me ver tocando aquele pequeno órgão na decoreba, o vovô ficou indignado. Disse a minha mãe que aquilo era um absurdo. Se a neta dele quisesse aprender a tocar, teria que entender as notas.

Poxa vida, eu estava tão feliz... No outro dia em que o vovô apareceu para consertar qualquer coisa em casa, lá veio ele com um sorriso raro no rosto e um livrinho que eu lembro até hoje e marcou minha infância: *ABC Musical*. Nossa! Odiei o *ABC Musical* com todas as minhas forças. Era o bê-a-bá da música. E por um tempo ele me fez ir à casa dele uma vez por semana para me ensinar as notas e tudo o mais.

Nem sei como me safei dessa, acho que minha mãe conversou com ele; só sei que perdi completamente a vontade de tocar órgão.

Outros primos que se interessaram por algum brinquedo musical certamente deviam se lembrar do *ABC Musical*.

Ao mesmo tempo, eu gostava desse lado musical dele, achava lindo vê-lo tocar seu violino, era um som triste, mas muito bonito. E também me divertia com as bandas que ele organizava com os netos nos Natais. Um tocava flautinha, outro pandeiro, outro triângulo e a banda ia crescendo, até chegar nos primos que tocavam instrumentos mais elaborados. Os ensaios eram divertidos. O vovô levava com seriedade o acontecimento, mas para nós era uma brincadeira.

Essa é uma das boas lembranças que guardo dele.

Outra lembrança, e a mais legal que tenho dele, é que ele sabia hipnotizar as pessoas. Não é invenção minha. Inclusive, quando minha mãe era pequena, sofria na escola, porque achavam que ela era filha de bruxo, ainda mais por ser canhota. Ser canhoto, naquela época, era esquisito, um ser errado por natureza, que nascera por vias tortas. Tanto que amarravam a mão esquerda dela na cadeira para que ela aprendesse a usar a mão direita.

Era praticamente como se fosse coisa do demônio. E, como o pai dela hipnotizava pessoas, isso piorava ainda mais a situação dela.

É claro que meu avô foi na escola reclamar. Devem ter ficado com medo de ele fazer alguma bruxaria ou hipnotizar o diretor, pois pararam de amarrar a mão da minha mãe.

Lembro que ele sempre ia no Centro dos Alcoólatras Anônimos, do qual era um dos fundadores, mas eu não entendia que "catzo" (palavra italiana que eu sempre ouvia meu pai dizer e acho que eu até a empregava na hora certa) meu avô fazia lá se ele não bebia. É aqui que a história fica bonita e também divertida.

No Centro havia um psicólogo, um médico e o vovô. E ele ajudava a curar os alcoólatras através da hipnose. Fizeram uma homenagem linda para ele na Câmara Municipal de São Paulo, e fomos todos vê-lo receber uma placa prateada bonita por esse trabalho que ele desenvolvia. Lembro que, quando ele morreu, as pessoas a quem ele ajudou e que frequentavam o Centro, e até as que não precisavam mais frequentar, lotaram o velório dele. Choravam demais.

Foi uma coisa bem impressionante e marcante para os filhos e para nós, os netos dele. Acho que não tínhamos dimensão da importância do trabalho que ele desenvolvia com todas aquelas pessoas, mas esses acontecimentos marcaram a gente. Ele tinha uma sensibilidade enorme.

Para a gente, até então, ele era o avô que, quando se juntavam todos os netos, além das anedotas que ele gostava de contar (levei um tempo para entender que anedotas eram piadas, já que as que ele contava não tinham graça, ou não entendíamos, mas a gente ria assim mesmo), ele também gostava de brincar com a gente com seus truques de hipnose, o que era realmente o máximo.

Uma das brincadeiras que ele adorava fazer era mandar que todos nós apoiássemos as mãos na mesa e depois ia fazendo um movimento com as mãos dele para cima, como se estivesse erguendo nossas mãos com uma linha imaginária, e ao mesmo tempo nossas mãos iam se elevando da mesa. Aí ele falava que só podíamos abaixar as mãos quando ele mandasse, porque, se tentássemos abaixá-las, elas levantariam muito mais.

Dito e feito, a gente tentava abaixar as mãos e de repente estávamos com os braços quase esticados de tanto que as mãos se levantavam. Nessa hora ficava aquela euforia e uma balbúrdia até que ele dizia que havia cortado a linha, dava um comando e nossas mãos imediatamente despencavam.

Ele fazia outra coisa parecida com isso, só que pedindo para que abríssemos a boca como se fosse um bocejo, depois dizia que ela só se fecharia quando ele mandasse.

Só assim para calar os netos que ficavam tentando fechar a boca, mas não conseguiam. Apenas emitíamos alguns sons ou tentávamos falar de boca aberta. Nunca compreendi como isso era possível. Era incrível!

Quando ele viajava com a gente para a praia Martim de Sá, em Caraguatatuba, juntavam crianças na nossa casa para serem hipnotizadas também. O Mike, a Vivian e a Vanessa sempre estavam lá, porque passávamos todas as férias juntos. Alugávamos uma casa ao lado da outra e aí vinham outras crianças, filhos de amigos de meus pais que passavam as férias também nessa praia. Era muito legal.

O vovô fazia o maior sucesso, e a gente se divertia muito.

Esse era meu avô. Uma pessoa de sensibilidade incrível que fez o bem para muita gente. O que víamos como diversão, passamos a compreender no dia daquela homenagem que era algo muito maior e mais bonito do que nossa ingenuidade podia supor.

Outra coisa intrigante do vovô Modesto é que ele ia uma vez por semana a um lugar chamado Círculo Esotérico do Pensamento, uma sociedade esotérica da qual ele fazia parte da mesa de dirigentes.

Isso era outra coisa que me intrigava, quando a vovó Maria dizia: "Hoje seu avô foi para o Pensamento".

Eu achava que esse "Pensamento" era algo muito doido. Por que alguém iria para um lugar pensar se a gente podia pensar em qualquer lugar sem justamente precisar sair do lugar? O que tanto ele tinha que pensar?

Na minha imaginação, era um encontro entre amigos muito sem graça, já que eles deviam ficar cada um sentado "pensando", tipo meditação, e, quando acabava o "pensamento" de cada um, eles iam embora.

Na minha cabeça aquilo devia ser uma coisa muito chata. Mas, no fundo, devia ser outra coisa bonita que ele fazia, mas que, no meu "pensamento", eu não entendia.

Quando meu avô morreu, eu tinha mais ou menos 11 anos. Ele estava doente já fazia um tempo, meu irmão costumava ir fazer a barba dele com navalha, que era como ele fazia desde a época em que teve sua barbearia.

Lembro que eu estava na escola naquele dia e de repente senti uma angústia muito grande no meio da manhã, mas não entendi o porquê. Só sei que fiquei triste de repente. E, logo após o recreio, vieram buscar meu primo Marcos e eu, e foi quando nos contaram que meu avô havia morrido. Nessa hora, acho que entendi o motivo da sensação estranha que eu havia tido mais cedo.

Acreditei que, de alguma forma, o vovô havia feito a última de suas mágicas para tentar se comunicar com a gente e poder nos dar adeus antes de partir.

E eram essas coisas inexplicáveis que ele fazia na época, e que eu não entendia, que tornavam o vovô tão especial.

·20·
O TAMANQUINHO, O HINO NO CHUVEIRO E O CÓDIGO MORSE

Viver em uma vila de casas geminadas tem suas peculiaridades. Como as casas são grudadas umas nas outras, é muito mais fácil de escutar o que se passa na casa do vizinho e vice-versa.

Na época em que a tia Fina e o tio Luiz moravam ao nosso lado, ouvíamos muitas coisas que se passavam na casa deles, e eles também ouviam o que acontecia na nossa. Isso podia ser tanto irritante quanto divertido.

Minha prima Aninha, que era uma fofa por sinal, um pouco mais nova que eu, tinha suas manias, e uma delas era bem irritante. Ela tinha ganhado um tamanquinho que não tirava dos pés. Andava para lá e para cá o dia todo, mas o mais irritante era quando ela ficava subindo e descendo para escutar o som da madeira do tamanco batendo na pedra de granito da escada. Era toc-toc-toc sem parar. Ela acordava antes das 6 horas e o toc-toc já começava, então dávamos alguns socos na parede que fazia divisa com a da tia Fina para ver se ela se tocava, mas de nada adiantava. Ela não estava nem aí, tinha paixão pelo tamanquinho.

Eu também tinha uma mania irritante, tanto para os meus primos vizinhos quanto para quem morava na minha própria casa. Tinha uma coisa que eu amava muito desde criança e se estendeu até a adolescência, sem que eu tivesse qualquer explicação para isso. Eu era apaixonada pelo Hino Nacional Brasileiro. Essa fixação era tanta que o decorei inteirinho.

O problema dessa fixação é que eu só cantava o hino dentro do chuveiro. Cantava a plenos pulmões e repetia até que o banho acabasse. Eu só parava de cantar quando o banho terminava.

Todo mundo sabia que eu estava tomando banho, aquilo era uma anunciação. Lembro que meu primo Carlos, quando eu parava de cantar, corria lá em casa para conferir se eu tinha acabado de tomar banho para podermos brincar. Eu adorava o Carlos e ele também me adorava, mas acho que ele não devia gostar nem um pouco quando eu cantava.

Mas também tinha o lado bom de ter a parede grudada. Inventávamos um código "morse" para que pudéssemos nos comunicar através da parede.

Quando meus pais mandavam a gente ir dormir, dávamos três batidas na parede, e eles faziam a mesma coisa se também fossem dormir. Duas batidas significavam que ainda não iam dormir e, se fosse de manhã, significavam que já tinham acordado. Claro que qualquer batida de manhã só podia ser feita porque a pessoa estava acordada. O ruim é que a pessoa que estivesse dormindo do outro lado podia acabar acordando com a batida.

Em outros momentos, quando a conversa precisava ser mais elaborada, tínhamos outro código. Nesse caso, a gente dava várias batidas na parede e o vizinho já sabia que devia ir à janela, colocar a cabeça para fora para podermos conversar melhor. Nossos papos também aconteciam através do muro do quintal que separava as duas casas. Subíamos numa mureta e de lá ficávamos tagarelando, enquanto o outro ficava brincando no quintal. Sempre inventávamos alguma maneira de nos comunicar.

Era muito gostoso ter os primos como vizinhos.

Depois que esses meus primos se mudaram, chegou outra família. A mãe se chamava Valquíria. Ela era um amor de pessoa. Era casada com o Rubão e tinha dois filhos, Ricardo e Rogério, conhecidos como Ricó e Gogó, um pouco mais novos que eu, mas os dois brincavam bastante com a gente.

A Valquíria também tinha suas manias. Ela idolatrava o Roberto Carlos.

Acho que ela ouvia as músicas dele quando estava meio triste ou nostálgica. Eu imaginava que era por isso que as pessoas ouviam Roberto Carlos.

E, por serem casas geminadas, às vezes eu ouvia o que ela estava escutando por tabela. De vez em quando era duro acordar escutando: "Eu quero ser o sol que entra no seu quarto adentro, te acordar devagarinho e te fazer sorrir...", ou, então, "Eu quero ter um milhão de amigos e bem mais forte poder cantar...", ou, ainda, "Não adianta nem tentar me esquecer. Durante muito tempo em sua vida eu vou viver. Detalhes tão pequenos de nós dois são coisas muito grandes pra esquecer..." Eu é que não me esqueci dessas músicas nunca.

No fundo, dava para saber se a Valquíria estava triste ou feliz. Eu a imaginava dançando com a vassoura pela casa de tão apaixonada pelo Roberto Carlos e, de certa forma, quando o escutava cantando em qualquer outro lugar longe dali, sempre me lembrava dela, e até hoje eu e minha irmã lembramos dela quando o escutamos cantar.

Ela também usava a mureta do lado da casa dela para bater papo com minha mãe. Certa vez, ela estava em casa sozinha e sentiu um cheiro bom vindo da minha casa. Minha mãe conta que ela subiu na mureta, se debruçou para o nosso lado e pediu para minha mãe uma xícara de café, porque o cheiro estava tão gostoso que ela ficou morrendo de vontade de tomar um golinho.

Essa família era bem bacana. Tivemos muitas histórias juntos.

Ter vizinhos era assim, parecia que todo mundo era da mesma família.

· 21 ·
O MANEQUINHO, A MALETINHA ROXA E O BAUZINHO

Ao mesmo tempo em que eu vivia na rua no meio de um monte de moleques jogando taco e queimada, eu também gostava de brincar de boneca.

Achava a Michella linda, aquela boneca italiana que cantava, mas meu pai e meu irmão tiraram o motorzinho que a fazia cantar para construir uma bomba para o aquário que eles estavam montando.

Só que a Michella era da Marta. Então também pedi aos meus pais uma boneca de presente. A sensação na época era um boneco chamado Manequinho. Ele era feito de borracha macia, não era daqueles bonecos duros de plástico. Tinha lindos olhos azuis com cílios enormes e, quando eu o deitava, ele fechava os olhos.

Um diferencial do Manequinho, e acho que foi isso que o fez virar loucura entre as meninas, era que ele fazia xixi. E o mais legal era que ele tinha um "pingolim" mesmo. Parecia um bebê de verdade.

Era o máximo dar a mamadeira para ele e depois colocá-lo de pezinho e apertar o botão de suas costas para que ele pudesse fazer xixi pelo seu pipi. Ainda bem que era só xixi. Se fosse o número dois, acho que eu já não ia gostar muito.

Ele tinha um cabelo escuro lisinho e bem tigelinha. Vinha com uma faixa de celofane transparente em volta da cabeça para proteger e não descabelar dentro da caixa. Demorei muito para tirar aquele celofane. Não queria que ele ficasse com os cabelos desgrenhados iguais aos das minhas Susies, bonecas dessa época que pareciam Barbies, que chegavam com os cabelões impecáveis e depois viravam um ninho de rato.

Ao lado da minha cama tinha um carrinho de boneca e, quando eu ia dormir, colocava lá meu Manequinho e o embalava. Quando eu acordava, o tirava do carrinho, dava a mamadeira, o colocava para fazer xixi e corria para escolher a roupinha que eu ia colocar nele antes de ir para a rua brincar. Eu amava ficar colocando e tirando roupinhas dele.

Lembro que eu tinha uma maletinha roxa de verniz, dessas bem durinhas, com a cantoneira de metal. Nela eu guardava as roupinhas que a gente comprava na feira. Tinha sempre uma arara cheia de roupinhas de boneca penduradas entre a barraca de quinquilharias e a de frutas. Eu e minha irmã ficávamos loucas enchendo a paciência da minha mãe até sairmos de lá com alguma coisa nova.

A maletinha de Marta era maior e vermelha, mas era de couro, e ela adorava a minha, porque, como era de verniz, tinha brilho e um fecho muito chique de ferro. Bastava empurrar o pino para o lado e ouvir o "clec" dos fechos se abrindo.

Nessa época, tudo o que eu tinha era na cor roxa: sandalhinha, tamanquinho, casacos, essa maletinha... Eu nunca fui apaixonada por rosa, mas, em compensação, o roxo era de deixar minha mãe maluca.

Maricy, minha vizinha e uma das minhas melhores amigas da vila, ao contrário de mim, tinha um bauzinho cor-de-rosa, cor que ela adorava.

Nesse baú ela guardava as roupinhas de suas bonecas. Quando eu ia brincar na casa dela, eu levava minha maletinha roxa, meu Manequinho, e ficávamos horas trocando a roupa de nossos bonecos.

Certo dia, Maricy teve uma ideia. Decidiu tirar todas as roupas de dentro do baú para ver se cabíamos dentro dele. Olhando de fora, ele até parecia grandinho, então resolvi tentar entrar primeiro. Depois que eu saísse, seria a vez dela.

Me encolhi tanto que praticamente fiquei entalada dentro dele, totalmente espremida. Foi quando Maricy, de brincadeira, resolveu fechar o baú. Aquilo me deixou completamente apavorada, eu gritava desesperadamente, mas não conseguia nem me mexer direito para tentar empurrar a tampa, ou o meu pânico foi tamanho que eu paralisei e não tive reação, a não ser me esgoelar. Ela deve ter fechado o baú por apenas alguns segundos, abrindo logo em seguida, mas para mim pareceu uma eternidade.

Quando saí de lá, eu chorava loucamente, fiquei com a respiração ofegante e não quis mais brincar. Corri para casa.

Desde aquele dia, eu tenho pavor de lugar espremido, elevador lotado, carro com mais gente do que o que caberia... Se alguém brincar de me prender sem que eu possa me mexer nem um pouco, entro em pânico.

Um dia, deitada no sofá, meu irmão jogou uma coberta em cima de mim e me prendeu sem que eu pudesse me mover. Meu pânico foi tanto que, num acesso de desespero, minha força dobrou e eu consegui fazer meu irmão voar de cima de mim direto para o chão. Mesmo tendo sido derrubado, ele caiu na gargalhada de ver meu desespero e voei para cima dele, dando vários socos para tudo o que era lado. Mais uma de nossas brigas. Enquanto eu chorava de nervoso, ele caía na risada.

Da mesma forma que eu assustava a Marta dizendo "A Lula vai pegar", era só alguém chegar perto de mim e falar "Cuidado com o bauzinho" que eu já me punha na defensiva, porque sabia que iam tentar brincar de me prender. E, definitivamente, eu tinha horror a essa brincadeira.

Nunca vou me esquecer desse bauzinho cor-de-rosa. E também nunca vou esquecer da Maricy. Éramos inseparáveis.

· 2 2 ·
TACO, QUEIMADA, POLÍCIA E LADRÃO E A CAMPAINHA DO SEU ABELHA

Assim como não faltavam crianças na vila, ainda mais porque cada criança tinha amigos ou primos que viviam por lá, também não faltavam brincadeiras. Havia brincadeira de todos os tipos, e espaço para brincar era o que não faltava.

Uma das brincadeiras que mais gostávamos de jogar era queimada. Claro que os menores sempre se davam mal, pois eram os primeiros a ir para o céu, quando queimados. Sempre tinham aqueles mais ágeis e os mais fortes que acabavam sem querer carimbando com vontade algum amigo, mas nada que acabasse mal para ninguém. A Márcia, uma amiga minha, era bem magrinha e muito ágil. Lembro que o apelido dela era "mosquito elétrico". Não era fácil acertá-la. E era um jogo em que meninos e meninas jogavam juntos. Não tinha essa de clube do Bolinha.

Outro jogo que fazia o maior sucesso e alguns estragos em janelas era o taco. Jogávamos sem parar, e esse sim era bem disputado, jogado com afinco. Como eu fazia tênis desde pequena, lembro que eu era muito boa de mirar na bolinha e tinha bastante força. Jogava muito em dupla com meu irmão. E claro que sempre alguém acertava a bolinha com força em alguma janela ou até no capô de algum carro que estivesse estacionado na rua.

Outro que era muito rápido e ágil para pegar as bolinhas era o Nando, que tinha uma irmã chamada Lílian. Ele era um bom jogador.

O melhor de tudo era quando alguém acertava bem na bolinha e ela ia parar no fim da vila, colocando a turma para correr, um atrás da bolinha e o outro para trocar de lugar com sua dupla.

Futebol nem precisa falar, era uma tradição entre os meninos, que ou jogavam ali na rua mesmo, e lembro que meu pai ficava furioso quando a bola caía em cima do carro dele, ou jogavam em um campinho que tinha ali perto, atrás da rua.
Os meninos grandes se davam melhor no jogo. Os mais velhos da vila eram o Luis Meyer, o Júnior, o Maurício, depois vinham o meu irmão, o Mike e o Mauro. Por último os mais novos, Ado, Téio, Marcelo, Tato, Ricó, Gogó e muitos outros. Eu adorava jogar bola, mas era meio impossível jogar no meio deles. Então eu preferia brincar de boneca com minhas amigas.

Polícia e ladrão era muito bacana de brincar. Ainda mais porque valia se esconder na outra vila. Então se davam bem aqueles que tinham velocidade para fugir da polícia. A turma era grande, o que deixava tudo mais emocionante, já que não faltavam policiais. Só se viam os ladrões pulando os murinhos de casa em casa para fugir, e nos escondíamos atrás ou embaixo dos carros que às vezes ficavam na frente das casas. Como muitas vezes as brincadeiras aconteciam à noite, tudo ficava com mais suspense. O escuro era perfeito para isso.
O ruim era se tivesse algum cachorro na rua, como o Flecha, por exemplo, que ia atrás de alguém e sempre ficava parado ao lado, acusando o ladrão. E o engraçado era quando a gente corria, porque ele corria atrás da gente assim como corria atrás dos carros. Era muito legal.

Durante o dia gostávamos também de andar de bicicleta em bando. Ficávamos dando voltas e mais voltas na rua, mas, se tinha uma brincadeira que a gente amava, era tocar a campainha na casa dos outros e sair correndo. Claro que escolhíamos as casas de pessoas que não tinham filhos e mal conheciam a gente. Como a gente dominava bem a rua, as pessoas que não conheciam a gente moravam na outra vila, principalmente nas casas que ficavam na Leopoldo, entre a esquina das duas ruas. Uma das casas que mais gostávamos de encher o saco era a do Seu Abelha, na esquina da outra vila com a Sader Macul. Coitado, ele não tinha o menor sossego. Cada vez era um que ia tocar a campainha, enquanto os outros ficavam à espreita esperando para correr também. E não era que tocávamos uma vez na noite e tudo bem. Tocávamos, dávamos um tempo, tocávamos de novo, e assim seguíamos até deixar o dono da casa louco. Toda vez o Seu Abelha saía para olhar pela janela. Como era possível alguém ter tanta paciência assim?

Bom, na verdade, não era possível! Uma vez, depois de tanto tocarmos a campainha, no momento em que um de nós foi lá pela milésima vez, Seu Abelha pegou a criança no pulo. Ele, sim, estava à espreita, abriu a janela rapidamente e arremessou de lá de cima uma chuteira que veio voando, mas, ainda bem, não acertou nenhum de nós. Esse dia foi engraçado.

Tudo para a gente era uma diversão. Para os demais, devia ser um inferno, duro nos aturar.

· 2 3 ·
O DESFILE DE BONECAS, O APARELHO NOS DENTES E OUTRAS BRINCADEIRAS

Apesar de eu ser uma menina bem moleca que vivia na rua, que adorava jogar taco, queimada, correr para lá e para cá junto com os meninos, eu também adorava brincar de bonecas, como já contei antes.

Além do Manequinho, vários outros bonecos e bonecas passaram pela minha infância. Sem falar em outros brinquedos que adorávamos. Eu tinha a minha turma de meninas e a minha irmã tinha a dela, mas muitas vezes brincávamos todas juntas.

As minhas melhores amigas de infância eram a Vanessa, minha vizinha da frente que era como uma irmã, a Maricy e a Márcia. Nós vivíamos grudadas. A turma da minha irmã era a Kateri e a Vivian, irmã da Vanessa.

Uma das brincadeiras que mais gostávamos era montar em frente de casa uma barraca que meu avô Modesto havia feito. Ela era cheia de módulos quadrados com armação de madeira e tecido para irmos juntando e amarrando uns aos outros. Depois de montada, era como se fosse a nossa casa de verdade. Levávamos para lá todos os nossos "filhos" e a brincadeira começava. Isso quando o Marcelo, aquele peste, não desmontava tudo...

Por ali passaram vários tipos de bonecas, e cada uma no seu tempo.

Além do Manequinho, brincávamos com uma boneca chamada Gui Gui. A única coisa que ela fazia era ficar dando risada, além de piscar os olhos. A gente achava o máximo! Teve a Susi, que seria o equivalente a ter uma Barbie. Lembro que eu fazia a festa quando ia na feira com a minha mãe, porque comprava muitas roupinhas para encher minha Susi com os últimos modelos de vestidos. O namorado da Susi era o Falcon dos meninos, um boneco de barba do tamanho delas.

Apesar de realmente existir o namorado da Susi, que se chamava Beto, gostávamos mesmo era do Falcon. O Beto tinha cara de bobo.

Lembro que também tivemos uma boneca, acho que ela era argentina e cabia dentro de uma caixa de sapato. Ela era um tipo de boneca diferente, mas muito bacana. Sem falar nas Fofoletes, que eram bonecas pequenininhas de tecido que cabiam numa caixa de fósforo. Colecionávamos de várias cores. Eram muito bonitinhas.

Com qualquer uma das bonecas a brincadeira era sempre trocar as roupinhas, simular conversas entre elas, fingir que as levávamos ao médico... e assim passávamos boa parte do dia.

O animal de estimação das nossas filhas era o Xereta, um cachorro que existe até hoje. Ele era um basset com a orelhinha comprida, tinha um chapéu de detetive e uma cordinha que a gente puxava para que ele saísse andando. A postura dele era de um cachorro que estava farejando o chão.

A Maricy, que era doida por cachorros, adorava o Xereta. Na realidade, todas nós gostávamos dele. Nada comparado ao Flecha, à Taba e ao Scooby, nossos cachorros de verdade, claro.

Às vezes, em vez da cabana ou de brincar com algum brinquedo pronto, fazíamos casinhas e outros objetos que construíamos com o papelão. Também brincávamos de química, pegávamos flores bem coloridas pelas árvores da rua e gostávamos de amassá-las bem até fazer uma pasta, depois jogávamos dentro de um copo com água ou álcool e desenvolvíamos vários tipos de cor. Eu adorava usar o brinco-de-princesa, a flor de uma trepadeira que caía da casa da vizinha direto no chão de casa. A cor dela variava entre o pink e o roxo, minha cor predileta. Depois colocávamos nos tubos de ensaio de um brinquedo de laboratório que eu tinha ou em pequenos potinhos de vidro com tampa.

Uma coisa que funcionava ainda mais do que as flores era tirar a carga das canetinhas coloridas que já estavam com as pontas meio danificadas e deixá-las de molho no copo também com água ou álcool.

Na época havia umas canetinhas que vinham numa caixinha branca de acrílico com tampa transparente. Se chamava Sylvapen. Elas eram do tamanho daqueles cigarrinhos de chocolate que a Pan vendia nas lojas de doces. O corpo da canetinha era branco com desenhos de flores e a tampinha era da cor da tinta, por exemplo, amarela se essa fosse a cor da canetinha.

As cores desses experimentos ficavam bem vivas. E, para incrementar ainda mais a experiência, a gente misturava uma cor na outra para vê-las se transformar em cores bem diferentes. Eu adorava essa brincadeira.

A ideia inicial da brincadeira era conseguir fazer cores apenas com flores, depois é que passamos a usar canetinhas. Em uma das competições que fizemos, quando só valiam as cores feitas com flores, a Márcia e o Tato trapacearam. Eles apareceram com cores incríveis, e uma delas era um branco muito impossível de conseguir. Então o Marcelo, desconfiado, entrou sorrateiro na lateral da casa do Tato e descobriu potes e mais potes com um pozinho colorido sedimentado embaixo e a água em cima. Eles pegavam o pó que faziam do giz e misturavam. Na hora não dava para perceber, porque eles chacoalhavam. E ele descobriu também a lata de lustra-móveis que eles usavam para fazer a cor branca. Desse dia em diante passou a valer tudo, começamos a usar as cargas de canetinhas e outros artifícios para fazermos cores novas e mais vivas.

Ainda nessa brincadeira de inventar coisas, lembro-me de um brinquedo em que vinham algumas forminhas amarelas e azuis. Colocávamos dentro delas uma mistura feita com um pó branco e água que se transformava em gesso após algumas horas.

Depois de um tempo, a gente abria os moldes e podia pintá-los. Viravam pequenas esculturas. Eram moldes de personagens da Disney.

Lembro do Pato Donald, do Tio Patinhas e do Pluto. Às vezes, em vez de pintá-los, a gente pegava o molde com o gesso puro já endurecido e desenhava no asfalto jogo de amarelinha, caracol (que era um tipo de amarelinha), o campo para jogar queimada e outros desenhos que a gente quisesse. Também adorávamos desenhar com tijolo. Inclusive, passávamos horas ralando o tijolo no chão para fazer pozinho.

A rua ficava inteira desenhada, bem legal de ver, e aquilo só ia embora com a chuva ou quando alguém ia lavar a frente da casa.

Falando em lavar a frente da casa, quando pegávamos a mangueira, perguntávamos se podíamos lavar o carro de nossos pais ou de quem quisesse, assim ganhávamos um dinheirinho e podíamos gastar com o sorveteiro que sempre passava por lá. Meus pais sempre me deixavam lavar o carro deles. Eu pegava balde, detergente, uma esponjinha macia ou pano mesmo e ficava esfregando e enxaguando os carros.

Eu ficava muito feliz em ganhar moedinhas depois do serviço feito.

Teve a fase dos minidisquinhos de vinil coloridos, com histórias de contos de fadas clássicos. A gente colocava numa vitrolinha que eu tinha para nossas bonecas escutarem. Tinha disquinho roxo, amarelo, verde... Eram bem legais. E a gente adorava escutar também o disco dos Saltimbancos.

Escutávamos repetidas vezes a música: "Au, au, au. Hi-ho hi-ho. Miau, miau, miau. Cocorocó. Quando a porca torce o rabo pode ser o diabo. E ora vejam só. Au, au, au. Hi-ho hi-ho...". Só faltava furar o disco.

Eu amava o Chico Buarque por causa desse disco, entre outros discos dele, tanto que meu canarinho tinha o nome de Chiquinho em homenagem a ele.

Uma coisa engraçada que a gente amava brincar era de dentista. Meu pai era dentista, e eu vivia falando para ele que eu queria usar aparelho nos dentes. Assim como minha irmã queria quebrar o braço para colocar gesso e poder pedir aos amigos que assinassem seus nomes ali, minha fixação era o aparelho.

Acho que várias crianças sonharam em usar aparelho, até que, de fato, tiveram que usar e viram o quanto era chato. Onde já se viu isso?

Eu usei aparelho de vários tipos. Comecei achando o máximo, até chegar no segundo dia...

Voltando à brincadeira, pegávamos na cozinha de nossas casas um rolo de papel-alumínio, depois cortávamos e fazíamos tirinhas minuciosamente. Pronto! Estava feita uma de nossas maiores invenções. Colocávamos aquelas tirinhas nos dentes e fingíamos ser nosso aparelho fixo.

A gente achava o máximo andar com aquele troço nos dentes. Saíamos dando sorrisos para os outros verem que tínhamos posto o aparelho da mais alta tecnologia, de última geração. E assim passávamos um tempão com aquele sorriso metálico. Eu tirava para comer e encaixava de novo. Mas depois de um tempo cansávamos, ele começava a subir para a gengiva e mal conseguíamos falar.

O que não faltava para a gente era criatividade na hora de brincar.

Bom, pelo menos com essas brincadeiras não atazanávamos nenhum vizinho e não corríamos o risco de levar uma sapatada na cabeça arremessada pelo Seu Abelha.

·24·
OS TERRÍVEIS

Se tinha uma criança que era terrível na rua, era o Marcelo. Seus pais eram uns amores. Acho que o Seu Antônio e a Dona Ruth deviam estar pagando alguns pecados, porque o filho era um capeta.

Ele cresceu com a gente na vila, éramos muito amigos. O Marcelo era um menino brincalhão e muito alegre também. Ele tinha a turma dele de meninos: o Ado e o Téio, principalmente, que tinham uma idade parecida, mas também brincava com o Tato, o Ricó, o Gogó, o Mau, filho da Isaurinha, e o Nando, que eram mais novos que ele.

Minha amiga Márcia, que fazia parte da minha turma, também era muito amiga dele. No fundo, todos eram da mesma turma, mas em alguns momentos a gente se dividia nessas subturmas. O Marcelo e a Márcia aprontavam bastante juntos. Na verdade, não sei se o termo é exatamente aprontar, ou se seria brigar.

Assim como eu me achava briguenta e não tinha medo de enfrentar ninguém, a Márcia era da mesma forma. Diferente da Vanessa e da Maricy, que eram muito mais calmas que nós duas.

Certa vez, a Márcia rodou a Maricy pelos cabelos por algum desentendimento entre as duas. Ela também era bem espoleta.

Voltando à Márcia e ao Marcelo, não sei se porque o nome dos dois começava com a letra M, mas eles se identificavam muito no quesito "arteiros". Embora a Maricy também tivesse o nome começado pela letra M e fosse muito boazinha.

Acho que não tinha explicação, mas esses dois pareciam irmãos, pois brigavam feito cão e gato, aprontavam um com o outro e não se desgrudavam mesmo assim.

Um dia, a Márcia havia ganhado uma bicicleta nova e estava feliz da vida tentando andar pela rua. Foi quando o Marcelo apareceu e se ofereceu para dar uma "mãozinha", assim ela poderia ter mais impulso e andaria mais rápido, já que nessa época éramos menores e aquela rua de paralelepípedos era mais trabalhosa de andar. Eles eram todos desiguais, o que, para quem estava começando, dificultava bastante. Depois que foi asfaltada era uma maravilha, mas aí já éramos maiores.

E lá foi o Marcelo dar aquela ajudinha de "leve". A Márcia se preparou e ele se postou atrás para empurrá-la pela garupa. Porém, na hora de empurrar, ele foi correndo atrás com tanta força que a Márcia não conseguiu acompanhar com a pedalada. Começou a andar totalmente desgovernada e o guidão da bicicleta foi ziguezagueando de forma alucinada, até que o óbvio aconteceu: ela se estatelou no chão, ficou toda esfolada e o Marcelo começou a rir completamente sem noção do que havia feito.

De repente a Márcia levantou sem chorar, entrou na casa dela e foi direto para o quintal atrás de um rodo.

"Aonde você vai com esse rodo, minha filha?", perguntou a Dona Rosemê.

Ela nem olhou para trás. Saiu em disparada de volta à rua. Mas o Marcelo não estava mais por lá, e mal sabia o que a Márcia faria com ele, provavelmente o mesmo que meu irmão fez com a Mônica no dia em que ela riu da minha irmã, quando a Marta estava lavando a rua pelada.

Dito e feito, a Márcia ficou escondida atrás do poste da casa da Hari e sabia que a qualquer momento o Marcelo passaria por lá para chamá-la para brincar. Foi só ele passar por ali que ela sentou com o rodo nele. O capetinha saiu correndo, enquanto ela, que era bem rápida, ia atrás lhe dando algumas pauladas. Foi engraçado. Ele riu quando ela caiu, e nós rimos com a vingança. Ponto para as meninas.

Outra arte que o Marcelo aprontou foi com uma bola de capotão, mas, para ser justa, desta vez sem querer. Aliás, acho que nem que ele quisesse, por livre e espontânea vontade, conseguiria repetir o feito desse dia.

Estavam ele e a Márcia brincando com a bola de capotão. A rua ainda era de paralelepípedo e havia chovido, o que piorou bastante o ocorrido, pois a água empoçada, misturada com a terra que ficava entre os paralelepípedos, formava uma ligeira poça de lama na água parada das guias.

A bola de capotão tem aquele couro que vai ficando encharcado, principalmente nas partes rasgadas, o que ia tornando a bola bem mais pesada e bem mais doída, caso batesse em alguém, num vidro ou em um capô de carro. Se tivesse algum carro parado do lado de fora da garagem, provavelmente o dono ficava muito bravo se a bola acertasse o capô. Meu pai era um desses que ficava louco da vida.

Tinha gente que não gostava nem que a bola caísse na parte da frente de sua casa, como era o caso da nossa vizinha Gisele, que costumava devolver a bola furada, e também da mãe da Maria Raquel. Acho que ela não chegava ao ponto de furar a bola, mas ficava tão brava que tinha que ter muita coragem para pular o murinho e pegar a bola de volta antes que ela saísse dando bronca em todo mundo. O Nando era um dos moleques que conseguiam pular sorrateiramente e fugir antes que ela saísse.

Nesse dia da bola de capotão, para o azar do Marcelo e da Dona Raquel, a bola não caiu no jardim dela, ela fez um trajeto muito improvável.

Como havia chovido, a janela da Dona Raquel estava semifechada, apenas com uma fresta de um palmo aberto. Eram aquelas venezianas que abrem e fecham na horizontal, e foi justamente naquela fresta que o Marcelo teve a proeza de acertar a bola encharcada e toda enlameada. Mas aquela era a janela do quarto da Dona Raquel. Imagine a meleca que a bola deve ter feito na cama ou no tapete do quarto dela. Onde caiu exatamente, a gente nunca soube.

O problema era que a bola não era do Marcelo, acho que era do Tato ou do Ricó, que eu nem sei se estavam brincando ou se apenas tinham emprestado a bola e estavam ali olhando. Um deles começou a chorar, dizendo que o Marcelo teria que ir tocar a campainha para buscar a bola... foi o maior fuzuê essa história. Nesse dia eu senti pena do Marcelo, porque foi muito sem querer que a bola resolveu tomar aquele rumo tão descabido, coitado.

Aconteceu uma outra situação também sem querer, mas que causou a ira da Geni, uma moça bem forte que trabalhava na casa da nossa amiga Andreinha, que morava na outra vila. E tudo por causa de uma simples pipa de papel.

Na casa dela havia um quintal lateral enorme, todo gramado. A Geni costumava estender as roupas e os lençóis num varal bem comprido, que inclusive ficava com aqueles bambus no meio para dar maior sustentação por causa do peso das roupas molhadas.

Pois bem, os lençóis branquinhos estavam quarando no varal. Marcelo, do lado de fora, empinava sua pipa, uma das brincadeiras que adorávamos e que era mania numa certa época.

Era uma festa ir à Rua Fiandeiras comprar papel, cordão, cola, varetas e afins para construirmos nossas próprias pipas. Tinha que ter cuidado ao empiná-las, pois havia alguns meninos de outra vila por ali que passavam cerol na linha de suas pipas (uma mistura gosmenta com cacos de vidro) justamente para cortar a linha de quem encostasse nela. Era normal ver lá no alto as pipas se digladearem.

Voltando à história, lá estava o Marcelo empinando sua pipa, quando ela, desgovernadamente, caiu no quintal da Andreinha.

Não devia estar com um vento muito bom aquele dia, pois estava difícil manter a pipa no alto.

Em vez de tocar a campainha para pegar a pipa, o Marcelo resolveu puxá-la através do fio. O problema é que a pipa estava enroscada no varal e, com o tranco que ele deu, o bambu se soltou do varal e, com o peso, lá se foram todas as roupas e lençóis branquinhos para a grama que muitas vezes também ficava com um pouco de barro. Em questão de segundos, a Geni saiu louca da vida, e, só de avistá-la, o Marcelo nem esperou para ver se ela devolveria a pipa ou não. Foi pernas para que te quero, e ele vazou dali rapidamente. Por um bom tempo ele deve ter evitado ir até a outra vila.

A Márcia e o Marcelo tinham a mania de ficar conversando sem parar bem debaixo da janela da minha casa. Às vezes ficavam em frente à casa dele, ou na casa do Ricó, ou na frente da casa da Hari.

Mas todas essas casas ou eram vizinhas à minha, ou vizinhas à casa de frente para a nossa, o que significa que sempre dava a impressão de que os dois estavam dentro de casa falando sem parar.

De vez em quando, os papos eram no meio da tarde ou à noite.

Eles se encostavam no carro ali em frente e ficavam horas conversando. Só que voz de mulher é sempre mais estridente que a de homem, o que deixava a voz dela ainda mais em evidência e aguda que a dele.

Nesse dia, lembro que meu tio Luiz estava deitado no sofá de casa, tentando dar uma cochilada depois do almoço, e os dois estavam escutando o rádio do carro com a música da Rita Lee nas alturas. E aquele refrão "Lá no reino de Afrodite, o amor passa dos limites..." ficava martelando incessantemente na nossa cabeça. Além disso, a Márcia não parava de tagarelar e tentava falar mais alto que a música. Ou seja, estávamos ficando loucos.

Eu, a Marta e o Luiz José estávamos brincando quietinhos no tapete da sala ao lado do meu tio, que parecia não conseguir dormir. Estávamos montando o Hering Rasti, brinquedo de construir tipo Lego, que ela e meu primo adoravam.

De repente meu tio, que já estava impaciente por não conseguir dormir com aquela voz que não parava de falar, começou a cantar: "Diga para Afrodite que o meu saco tem limite...". Caímos na gargalhada, meu tio se levantou, desistindo de dormir, e veio montar o brinquedo com a gente. Eu adorava esse meu tio, ele era muito engraçado. Em um dos meus aniversários, minha mãe foi servir um salgadinho chamado Cheetos e, quando ela ofereceu para ele, só ouvimos o comentário: "Anna, desde quando você serve o 'pintinho' do Topo Gigio para os outros comerem?".

Bom, no final da história, a Márcia e o Marcelo ficaram matraqueando do lado de fora até de noite, quando meu tio foi embora.

Eram unha e carne esses dois, ainda são até hoje.

· 2 5 ·
FABIO, ADO E O ASSALTO NO SEU ALMEIDA

Por falar em terrível, ninguém era mais terrível que o meu irmão. Desde pequeno até a adolescência, na mesma frequência.

Este episódio aconteceu quando eu era adolescente; eu tinha 15 anos e o Fabio, 18. Nessa época ele estava servindo no CPOR junto com o Ado, o nosso amigo que morava na esquina da rua.

Todos os dias, o Ado passava lá em casa para pegar meu irmão, praticamente de madrugada ou bem cedo, acho que umas 6 horas da manhã. A gente teve a triste ilusão de que, quando o Fabio pegou o exército, ele se endireitaria, mas o efeito foi contrário.

Como a roupa dele nunca estava passada ou engomada o suficiente, ou porque sempre aprontava alguma dentro do quartel, ele vivia pegando serviço de final de semana.

Isso implicava lavar privada ou coisas desse tipo, então achávamos que ele voltaria para casa apto a ajudar com as tarefas domésticas. Um engano, pois ele voltava muito revoltado e muitíssimo mais folgado do que antes.

Vamos aos fatos desse longo dia. Logo cedo o Ado passou em casa, parou diante da janela do quarto de minha mãe, que saía bem cedo para trabalhar, e ficou esperando o Fabio, como de costume.

E, também como de costume, meu irmão havia perdido a chave dele ou não a estava encontrando. Então ele teve uma ideia: foi até a janela, falou para o Ado que estava preso em casa e pediu que ele o esperasse na lateral da casa do Seu Almeida, nosso vizinho que morava na esquina, porque ele ia pular o muro de nossa casa para o quintal do Seu Almeida e de lá pularia para a rua. Seria tudo muito simples se...

Ao pular o muro, o Fabio, em vez de se apoiar na mureta, se apoiou na torneira e arrebentou o cano, jorrando água para todos os lados.

A empregada, que dormia no quartinho, ouviu o barulho e deu um grito de dentro do quarto: "Quem está aí?".

Meu irmão, que não podia se atrasar para o CPOR e muito menos ficar lá para se explicar ou consertar o cano, rapidamente teve que pensar numa alternativa. Então deu uns tabefes fortes na janela do quartinho da moça e gritou bravo com a voz grossa:

"Cala a boca que é ladrão. Não saia deste quarto ou eu te mato".

A mulher começou a chorar e meu irmão pulou rapidamente o muro para a rua, onde estava Ado com o carro ligado, conforme o combinado.

O Ado era tão certinho que não conseguia acreditar nas loucuras que o Fabio fazia, pois certa vez, ao perder a chave novamente, meu irmão quis tentar se pendurar na janela do quarto da minha mãe para pular na rua. Não era alto, mas era uma loucura, e ele acabou desistindo.

Voltando ao dia do assalto, eu e minha irmã acordamos sem ter ideia do que havia acontecido e fomos também cedo para a escola.

Acho que a empregada ficou um tempão ali dentro daquele quarto, esperando o Seu Almeida aparecer por lá para saber o motivo de ela não sair do quarto.

Então, depois de muito tempo, mais ou menos na metade da manhã, ela contou o que havia acontecido, e veio até polícia para tentar saber se estava tudo bem na minha casa, já que o ladrão havia pulado o muro vindo de lá.

Como aparentemente estava tudo certo, não estávamos em casa, ninguém soube exatamente de onde havia aparecido o tal ladrão e por onde ele teria tentado entrar na minha casa. Ficou uma conjectura.

Talvez pelo telhado do quintal. Ele poderia ter vindo andando pelos telhados das casas na parte de trás e depois pulado na minha casa para ver se estava aberta. Foi suposição atrás de suposição.

A Marta chegou em casa mais para o fim do dia, e correram para falar com ela. Entraram em casa junto para ver se estava tudo bem e se ela estaria fora de perigo. Tudo limpo e sem nenhum sinal de arrombamento. Foi quando chegaram meu irmão e o Ado, voltando do CPOR. Quando o Fabio estava entrando em casa, alguns vizinhos correram para avisá-lo que de manhã tinha entrado um ladrão ali no nosso quintal, um possível assalto, disseram que ainda bem que a casa estava trancada e ainda devíamos estar dormindo quando ele saiu, pois a empregada disse que até ouviu o "parça" do ladrão, no caso o Ado, com o carro ligado do lado de fora, esperando para arrancar rapidamente de lá assim que o dito cujo pulasse o muro para a rua. Ela ainda ouviu sussurros: "Vamos embora que deu tudo certo".

O Fabio escutou atento e com cara de preocupado, dizendo que ainda bem que as irmãs estavam bem, e o mesmo foi dito à minha mãe, que voltava do trabalho ao mesmo tempo em que ele chegou do exército. Disseram a ela que era um perigo nós, meninas, dentro de casa com um ladrão, caso ele tivesse conseguido entrar, e mais blá-blá-blá.

Claro que minha mãe entrou apavorada, mas o Fabio fechou a porta, olhou para ela e para a Marta, que também foi contar para ele morrendo de medo sobre o ocorrido, e ele respondeu tranquilamente:

"Relaxa, o ladrão era eu, que estava sem chave e pulei o muro".

Acho que minha mãe deve ter sentido vontade de matar meu irmão, mas o que morreu mesmo foi essa história do assalto de mentira, e o Ado também não entregou meu irmão. Já estava acostumado com as loucuras dele. Todos ficamos quietos. Afinal, o vizinho também ia querer esganar o Fabio.

Falando no Seu Almeida, ele era um velhinho que vivia sozinho nessa casa vizinha à nossa, onde havia morado a Gisele, aquela que furava a nossa bola. Ele era muito bonzinho e solitário. Era tudo tão silencioso que a gente nem percebia que havia alguém morando.

A casa vivia toda fechada e parecia estar sempre muito escura por dentro.

Não me lembro do Seu Almeida implicar com nenhuma criança, mas lembro que ele era sempre quieto e se relacionava muito pouco com os outros. Era uma pessoa muito reservada.

Um dia, aconteceu algo que me marcou bastante. Abri a janela do quarto da minha mãe, que dava para a frente de casa, e, ao olhar para a casa dele, vi uma ambulância parada. Vi saindo de dentro da casa uma maca e uma pessoa deitada sobre ela, coberta com algo que parecia uma espécie de lençol branco dos pés à cabeça. O Seu Almeida havia morrido!

Foi a primeira vez que vi uma pessoa morta dessa forma, toda coberta, como vemos nos filmes. Lembro de pensar se a empregada havia demorado para dar conta de que ele estava morto, se havia sofrido lá sozinho ou o que teria acontecido.

Senti uma solidão tremenda naquele momento. Nunca soube a causa da morte dele. Foi uma cena muito triste e bem melancólica de ver, me impressionou bastante e ainda me lembro dela com todos os detalhes.

· 26 ·
O EXORCISTA

Quando você está naquela idade pré-adolescente, reza para que seus pais e todo mundo saia de casa para poder ficar um pouco sozinha, se achando a pessoa mais independente do mundo.

Pois é, não lembro onde foi parar todo mundo naquele dia, era uma época em que meus irmãos, um pouco mais velhos, já saíam e voltavam bem de madrugada, quase ao amanhecer. Meus pais deviam estar viajando e eu estava sozinha. Vi que ia passar um filme de terror na TV, e não tem prova maior de que você já está grandinha do que assistir a um filme de terror sozinha em casa e, para incrementar ainda mais, de madrugada.

Lembro que era madrugada de sábado para domingo, pois o jornal que era entregue em casa chegava no meio da madrugada, mas ainda não havia chegado.

Meu cachorro, o Flecha, estava fazendo ronda na vila com o guarda, apelidado de Geleia. Ele adorava o Flecha, pois era sua companhia noturna.

Então, nem meu cachorro estava em casa nesse dia, já que às vezes dormia em casa e às vezes ficava com o guarda na rua, conforme lhe dava na veneta. Quando queria dormir dentro de casa, ficava deitado na porta de entrada e, antes de apagarmos tudo, ele entrava. Do contrário, se não estivesse por ali, era porque queria fazer companhia ao Geleia.

Voltando à história, lá fui eu me posicionar na cadeira que ficava encostada na janela da sala para a rua. Essa janela tinha uma grade por fora, e estava calor, então resolvi deixar o vidro aberto.

O filme em questão era nada mais nada menos que *O Exorcista*.

Sim, aquele em que a menina fica verde, gira a cabeça em 360º, vomita e faz tudo tremer falando com aquela voz cavernosa do demo.

Claro que eu estava com a luz da sala acesa, mas a parte de cima da casa estava toda escura. No começo do filme estava tudo tranquilo, apenas com alguns momentos de apreensão e um pouquinho de suspense. Até que a menina começa a ficar meio louca, possuída, e eu, já meio apavorada, achando aquela mãe a pessoa mais corajosa do mundo por dormir ao lado da filha.

O filme tem vários pontos de tensão, mas em um deles, onde o padre está tentando exorcizar a menina, que a essa altura está amarrada na cama, com a cara toda transformada, girando a cabeça sem parar e falando um monte enquanto tudo ali sacolejava e arrastava de um lado para o outro, escuto um estampido bater bem na grade da minha janela.

Foi só escutar aquele "pou" bem forte na minha orelha que eu saltei igual a um sapo de um canto para o outro da sala, indo parar quase na cozinha. Meu coração estava igual a uma batedeira no nível 10, totalmente acelerado e desgovernado. Fiquei ali, atônita, sem entender o que havia acontecido e sem coragem de sair da cozinha por um bom tempo para ver o que se passava. E, para piorar, o exorcismo continuava correndo solto, eu ainda ouvia aquela menina praguejando sem parar para o padre, o que triplicou meu nervosismo.

Chegou um momento em que coloquei a cabeça para fora da cozinha, espiei a sala e fui bem devagar olhar pela janela. Não é que o desgraçado do entregador passou de bicicleta ou moto e arremessou o jornal para dentro da nossa casa? Como o carro estava estacionado na garagem, ele arremessou bem forte para cair na varanda depois do carro, e o jornal veio com toda a força em direção à grade.

Foi bem difícil tentar dormir depois disso. Lembro que deixei a casa toda iluminada. Fui subindo e acendendo todas as luzes e deixei as de baixo acesas também.

Nunca mais inventei de ver filme de terror sozinha no meio da madrugada e grudada na janela.

Outro momento de suspense foi um dia em que entrei em casa também sozinha, ainda não estava totalmente escuro, mas já era preciso começar a acender a luz. Acendi apenas a luz da sala na hora em que entrei e não esperava ver nenhum outro movimento, já que eu sabia que estava sozinha.

De repente vi um vulto preto na penumbra lá de cima, descendo primeiro sorrateiramente e, percebendo que eu tinha olhado para ele com um movimento de susto, o desgraçado disparou escada abaixo.

Aquilo foi tão rápido que na hora não tive tempo nem de pensar, não tive reação, fiquei estática com o coração na boca, enquanto aquele bicho passou por mim, trepou naquela mesma cadeira em que eu assisti *O Exorcista* e saiu rapidamente pela janela.

Esse ser peludo me assustou outras tantas vezes. Era um gato preto que entrava pela janela da sala, quando ficava aberta, ou descia pelo telhado dos fundos e invadia a casa pela porta de trás que dava para o quintal. Esse dia em que ele quase me matou de susto estava em algum dos quartos, mas já cheguei a dar de cara com ele entrando pela porta do quintal. Só que aí eu já estava esperta. Na primeira vez que isso aconteceu, eu jamais imaginaria um gato preto e peludo daquele jeito, aparecendo do nada, vindo do andar de cima da casa, igual a uma assombração flutuante de tão sorrateiro. O mesmo gato que comeu todo o bacalhau que minha mãe deixou de molho na véspera da Páscoa.

Fui desenvolvendo umas táticas para ficar sozinha. Eu acendia todas as luzes da casa inteira, e o que mais me distraía era deixar ou a TV ligada ou o aparelho de som com o volume alto, assim não era qualquer barulhinho que me faria ficar alerta.

A pior coisa é ficar no silêncio total quando se está sozinho, porque qualquer estalinho que a gente escuta já dá medo.

Só sei que a menina possuída e esse gato preto juntos no mesmo filme seriam de arrepiar qualquer um.

· 27 ·
O ASSALTO DE VERDADE

Na época em que morei na vila, praticamente não tinha assalto. Só aquele assalto falso do meu irmão pulando o muro do Seu Almeida.

Lembro que eu ia a pé ou de ônibus para o Clube Pinheiros, na Faria Lima, sossegada com minha raquete de tênis e nunca fui assaltada.

Enfim, para tudo tem a primeira vez, e a vila teve o seu primeiro assalto de verdade.

Nossos amigos que moravam na casa da esquina, o Ado, o Tato e o Júnior, estavam se preparando para ir à festa da namorada do Ado.

Enquanto eles se aprontavam, a Dona Lúcia, mãe deles, estava no portão da casa de papo com a Isaurinha, mãe de outros amigos nossos.

Eis que entrou um cara a pé na vila e perguntou as horas para as duas. Assim que a Isaurinha olhou para o relógio e respondeu, ele completou: "Então é a hora do assalto", levou as duas para dentro de casa e de lá ninguém saiu tão cedo.

O Marcelo, aquele vizinho que eu falei que era terrível quando pequeno, estava na frente da casa da Isaurinha batendo papo com a Márcia e com o Mau, filho da Isaurinha. Eles também iam à festa e estavam esperando pelos outros, mas acharam que o Ado estava demorando demais para sair. Foi quando o Marcelo resolveu ir até lá para avisar que eles já estavam indo.

Chegando lá, ele passou pelo portão já chamando pelo Ado e pelo Tato. Como ninguém respondeu, ele bateu na porta. O Ado abriu apenas uma fresta da porta, espiou com a cara assustada, e o Marcelo falou para eles irem logo que eles já estavam prontos para sair. O Ado respondeu que não ia mais, inventou alguma desculpa que não estava colando, tipo dor de cabeça, mas, como o Marcelo insistiu e pediu que ao menos ele pegasse o presente da namorada que ele entregaria, ele ouviu uma voz atrás do Ado dizendo: "Ele não vai mais". Nesse momento, o Ado abriu um pouco mais a porta e o Marcelo, além de ver a cara do assaltante, viu também sua arma. Nesse tempo em que ele pensava o que fazer, o ladrão falou: "Agora te fotografei e você vai ter que entrar".

O Marcelo conseguiu sair em disparada, passando pelos dois carros da garagem e pela mureta que os separava, onde normalmente era preciso passar de lado, por ser espremido. Ele correu algumas casas para a frente, se escondeu atrás de um Chevette que estava parado na calçada e foi agachado em direção à casa do Espanhol, que estava com o portão aberto. Enquanto ele corria para lá, ouviu o ladrão sair e falar: "Agora vou ter que te matar".

A Márcia e o Mau viram o Marcelo correndo, o ladrão com a arma na mão e um Fusca na esquina esperando, enquanto algumas pessoas começaram a sair da casa do Ado com sacolas na mão em direção ao Fusca. Eles também correram para dentro da casa do Mau.

O Marcelo se enfiou debaixo do carro do Espanhol, que, na realidade, se chamava Rogélio. Ele, escutando um barulho, saiu na garagem e viu o Marcelo debaixo do carro, deu uma bronca nele, que quase matou o Marcelo do coração, e este disparou a falar do assalto.

O Seu Rogélio entrou correndo dentro de casa, abriu um armário e saiu de lá com duas armas na mão em direção à casa do Seu Nelson. Ele era bem esquentado, o Espanhol. Saiu gritando: "Nelson! Nelson!".

Quando chegou ao local, os assaltantes já haviam se mandado no Fusca que estava na esquina, depois que o Marcelo os viu e saiu correndo gritando.

Foi um horror aquele dia. O ladrão queria a aliança do Seu Nelson, mas ele, de tão nervoso, não conseguia tirá-la do dedo. O Tato conta que foi um pânico geral quando o ladrão, impaciente, disse ao seu pai: "Se não sair assim, não tem problema, dou um tiro no seu dedo".

Esse foi o primeiro e único assalto de verdade que teve na vila.

Imagina o que teria sido se o Espanhol chegasse lá gritando de arma em punho com os ladrões ainda dentro da casa. Uma loucura!

"Cagon"

Falando no Espanhol, tem uma história muito divertida dele. Ele era pai da Nuri, da Regiane e da Viviane, que também eram nossas amigas.

Era muito engraçado vê-lo praguejando em espanhol com elas quando estava bravo. Me lembro de uma palavra que era mais ou menos assim "mala béstia", mas não sei se é assim que se escreve.

Assim como família de italianos, espanhóis também falam alto, têm sangue quente e parece que sempre estão bravos, mas muitas vezes não estão, é só o jeito de se expressar.

Sei como é isso, a minha família é de ascendência italiana, então, quando um amigo do meu irmão vinha em casa comer a pizza que minha mãe fazia aos sábados, ele ouvia lá de fora meu pai e meu irmão conversando alto e sempre tinha a impressão de que estavam brigando.

Pois assim era também o Seu Rogélio. Nem sempre estava bravo, mesmo quando dava a impressão de estar.

Ele tinha uma mania com carros. Um mais incrementado que o outro e sempre com alguma coisa de diferente. Era uma relação especial com esses carros dele.

Uma situação muito comum era vê-lo na frente de sua casa cuidando daqueles automóveis como se fossem verdadeiras relíquias.

Certa vez, ele e a Dona Sônia estavam em Santos. Tato e Ricó também estavam por lá. Os dois meninos não tinham como voltar para São Paulo e pediram carona para o Seu Rogélio, que estava sem as filhas.

O Tato disse que, quando eles estavam naquelas curvas da serra, o Espanhol ficava conversando com eles, olhando para trás o tempo todo e empolgado com o volante de seu possante.

O Tato e o Ricó começaram a ficar apavorados. "Pelo amor de Deus, Seu Rogélio, olha para a frente", disse o Tato com o coração na mão de ver os carros vindo do outro lado. Aí o Espanhol respondia, olhando para trás: "Tá com medo, *cagon*? Essa máquina aqui me conhece, *cagon*". E dizia isso com naturalidade, batendo a palma da mão no painel do carro.

A Dona Sônia dizia: "Para com isso, Nelson, não assusta os meninos". Foi aí que eles perceberam que não teriam jeito a não ser rezar.

O Ricó, apavorado, olhou para o Tato e disse que tentaria dormir, porque, se pelo menos ele morresse, já estaria dormindo.

E a única coisa que ecoava na cabeça dos dois, que ficaram mudos e petrificados até chegarem em São Paulo sãos e salvos, era a frase:

"Tá com medo, *cagon*?"

Esse era o Espanhol. Uma figurinha rara lá na vila.

· 2 8 ·
O NHOQUE DA VOVÓ

Se tinha uma coisa que eu amava e contava os dias para chegar era a quinta-feira, pois nesse dia minha avó Maria, mãe de minha mãe, vinha religiosamente almoçar com a gente. Ou, melhor dizendo, nós é que almoçávamos com ela, já que era ela quem fazia o almoço quando vinha nos visitar.

A vovó era a pessoa mais amável, doce, carinhosa e alegre que eu já conheci. Eu tinha verdadeira paixão por ela. Mimava todos os netos e nos chamava de "joia". Querer provocar a vovó era, de brincadeira, dizer que algum neto dela era feio. "Vó, o primo 'tal' é feio, você não acha?", e ela retrucava: "Imagina, um neto meu feio". Adorava provocá-la com isso.

Falando em mimos, não tinha nenhum neto que não fosse louco pelo nhoque e o molho de tomate que a vó Maria fazia para a gente.

Aquele panelão gigante com o molho de tomate que ficava horas borbulhando e apurando até ficar bem encorpado era uma tentação.

Não havia pãozinho francês que desse conta do quanto a gente adorava mergulhá-lo panela adentro rodelinha por rodelinha, lambendo os dedos até que a barriga fosse estufando de tanta gula.

A alegria da vovó era ver nossa felicidade só de sentir aquele cheiro gostoso que vinha perfumando toda a casa até a rua.

Aí a gente sabia que era hora de entrar e se lambuzar, enquanto víamos a vovó misturar batata, ovos e outros ingredientes para fazer a massa do nhoque. O mais legal era vê-la fazendo uma espécie de cobrinha com a massa, e depois ela ia cortando vários pedacinhos que iam direto para uma panela com água fervendo. Aquelas "bolinhas" ficavam no fundo da panela até que começavam a subir à superfície.

Pronto! Era hora de tirá-los do fogo e o nhoque ia à mesa mergulhado naquele molho delicioso.

Acho que era o dia em que eu mais comia na semana. Confesso que eu literalmente lambia o prato depois que o pãozinho acabava. Ou seja, a gente se sujava todo, era uma diversão.

A Vanessa, a Vivian e o Mike sempre vinham comer o nhoque da vovó. Ela fazia muitas outras coisas maravilhosas na cozinha, mas o nhoque é a lembrança mais gostosa que tenho dela.

A vovó era uma pessoa muito alegre, e eu adorava pregar várias peças nela, porque ela caía em todas. Além de ser fã de novelas, ela assistia religiosamente ao programa *Boa Noite Brasil*, do Flávio Cavalcanti. Não me lembro se era toda noite, mas sei que, em um dado momento do programa, ele ligaria para as casas e a pessoa tinha que atender dizendo: "Boa noite Brasil".

E a diversão, quando éramos pequenos, era a gente assistir ao programa da nossa casa e, assim que ele começasse a fazer a ligação para alguma casa, correr para o telefone e discar para ela, que prontamente atendia: "Boa noite Brasil".

Eu fazia isso toda santa vez, e toda santa vez a coitadinha caía.

Às vezes eu ligava para ela e ficava contando piadas só para vê-la dar risada. É que, quando a vovó ria demais, ela quase fazia xixi na calça e ficava falando enquanto gargalhava: "Pare que eu vou fazer xixi". Ela literalmente largava o telefone e corria para o banheiro.

Uma das vezes que fiz a vovó fazer xixi na calça foi quando, já mais velha, por volta dos meus 15 anos, decidi azucriná-la novamente. Então liguei brincando e disse que eu estava muito preocupada, porque eu tinha acabado de descobrir que a avó de uma amiga da minha irmã não havia casado virgem.

Imagina isso para minha avó naquela época. Aí perguntei, séria, para ela:

"Vó, não vou nem conseguir dormir esta noite. Eu preciso saber se você casou virgem".

"Imagina, joia, fazer uma pergunta dessa...", e caiu na gargalhada.

"É sério, vó! Tô preocupada. A avó da amiga da Marta foi muito assanhada, e queria ter certeza de que a senhora não fez igual", mas, mal eu terminei de falar, ela ria tanto, mas tanto, que de repente disse:

"Ai, joia, você é impossível, não aguentei e fiz um pouco de xixi na calça".

Coitada... Eu adorava esse jeito moleca que ela tinha e gostava de vê-la feliz, rindo de um jeito tão ingênuo quando eu brincava com ela. Essa era minha maior alegria.

A vovó era muito vaidosa. Quando ia ao médico, colocava uma combinação bem bonita, que era uma peça típica da época dela, usada por baixo de vestido para não marcar a silhueta. Aliás, o vestido era outra peça em que ela caprichava bastante. Escolhia um vestido de sair, daqueles que antigamente a gente diria que era para usar aos domingos na igreja, e ainda colocava um dos lenços de seda chiques que ela ganhava da mãe da tia Janete, trazidos de Luxemburgo, se perfumava e depois passava um blush no rosto para ficar bem coradinha. A gente sempre perguntava por que tanta produção para ir ao médico. E ela, sem pestanejar, dizia:

"Imagina se eu não vou me arrumar, aí ele vai pensar que estou doente".

Coisas da vovó. Outra mania dela era dizer que sempre tinha que sair à rua com uma calcinha bonita debaixo do vestido, porque, se ela escorregasse, tomasse um tombo e as pessoas tivessem que socorrê-la, como seria quando vissem a calcinha dela? E continuava dizendo que a Dona Fulaninha escorregou na rua e estava com uma calçola toda frouxa e furada! "Muito feio isso", fazendo gesto de desaprovação.

Ela sabia do que cada neto gostava e paparicava cada um à sua maneira.

Na minha cabeça, eu era a neta predileta, já a Marta achava que era ela e o Fabio dizia que era ele, sem dúvida. O que eu tinha certeza mesmo é que cada um se achava o xodó da vovó, pois era assim que ela fazia com que eu, meus irmãos e meus primos nos sentíssemos: a pessoa mais especial e amada do mundo.

Quando eu e a Marta dormíamos na casa da Rua Amauri, logo cedo ela ia à padaria da esquina comprar o pão francês com polenguinho que a gente adorava.

Era uma padaria em uma esquina com uma árvore linda e gigante na frente; lá dentro era bem escuro, tinham aqueles azulejos no chão nas cores branca e vermelha, ou pretos, bem encardidos. Ao mesmo tempo era uma mistura de boteco cheio de pinguços que ficavam por lá o dia todo. Era um lugar bem xexelento, e, quando íamos junto com ela durante o dia, a vovó fazia a gente ficar na porta para que nenhum bêbado mexesse com as netas dela. Hoje em dia, no lugar onde ficava essa padaria, abriu um restaurante chamado Mercearia São Roque, um lugar muito agradável e charmoso, que ainda mantém aquela árvore maravilhosa.

Quando ela voltava da padaria, nos acordava cantando: "Tá na hora de acordar, não espere a vovó chamar, um bom sono pra vocês e um alegre despertar", e em seguida completava: "Já comprei o pãozinho quentinho com o polenguinho que vocês gostam".

Então dizia para pularmos da cama rápido e corrermos para o banheiro antes que o vovô Modesto acordasse, pois ele tinha as manias dele, era todo metódico, tinha todo um ritual matinal e levava pelo menos uma hora e meia no banheiro. Não sei bem qual era a ordem do que ele fazia lá dentro, mas era mais ou menos tudo isto: fazia a barba cuidadosamente com a navalha, tomava um longo banho, ficava meditando, tinha que fazer o número 2 obrigatoriamente pela manhã, lia o seu jornal, e por aí vai. Essa é uma das maiores lembranças que eu e minha irmã guardamos do vovô de quando dormíamos na casa deles: como o vovô demorava naquele banheiro!

Depois que meu avô morreu, meu irmão morou uns três meses com a vó Maria. O Fabio era adolescente, e ela se preocupava que nessa época tinha que ficar atento ao tóxico, porque vai que alguém tentasse oferecer para ele...

O engraçado é que, na pronúncia dela, o "x", nesse caso, tinha o som de "ch".

"Anna, tem que ter cuidado com esse pessoal que usa tóchico, viu? É um perigo, filha!", ela dizia, balançando a cabeça como se fizesse um movimento de não.

Até que um dia não fazia mais sentido morar naquela casa sozinha e ela se mudou. Veio morar num apartamento no Itaim pertinho da gente. Era por lá que ela fazia suas andanças na Clodomiro Amazonas. Ela morava na Rua Viradouro, quase na esquina da Clodomiro, o que foi ótimo para ela, pois, além de bater perna por lá, estava perto da minha mãe e a gente sempre passava para visitá-la.

Eu trabalhava lá perto e uma vez na semana ia almoçar com ela.

Ela era muito fofa, conhecia tudo no bairro e era muito legal andar com ela pelo Itaim, pois ela tinha amizade com todos os comerciantes por onde passava. Parecia uma grande família.

Tinha o queijeiro, o Seu José, que de longe já dizia: "Bom dia, Dona Maria", e ela logo apresentava a gente para ele com o maior orgulho: "Olha como são lindas as minhas netas".

Do queijeiro íamos para o açougueiro, onde tinha o Seu Hélio, uma simpatia, e em seguida íamos à Quitanda, o dono era um japonês muito estúpido com a esposa. A vovó achava aquilo um desrespeito e não gostava do quitandeiro. Todos esses lugares ficavam na Clodomiro Amazonas mesmo, quase todos os estabelecimentos grudados um no outro. A vida dela era escolher a dedo tudo o que comprava: o tomate para fazer o molho, a batata que não podia ser aguada por dentro para não desandar o nhoque, o queijo para ralar e colocar por cima, e assim por diante. Além disso, amava bater papo com todo mundo. Ela era uma alegria só. Quando eu ou minha irmã passávamos a pé por ali, a gente sempre escutava alguém:

"Como vai a Dona Maria? Mande lembranças a ela."

Era muito bacana ver o quanto ela era querida por onde passava.

A vovó também era tinhosa se alguém mexesse com a gente. Certa vez, o moço que trabalhava na padaria que tinha ali na esquina da Clodomiro com a Joaquim Floriano começou a fazer gracinha com minha irmã, quis dar chocolate para ela e minha avó não gostou do gracejo. Segurou minha irmã, pediu os quatro pãezinhos e, na hora de sair, falou no caixa: "Foram dois pãezinhos", e fez uma careta para minha irmã ficar quieta. Saindo de lá, disse à Marta: "É para aprender a não mexer com neta minha, aquele sem-vergonha".

E, de quebra, ali do lado ainda tinha a Igreja Santa Teresa, aonde ela também ia de vez em quando. Ela era tão engraçada, vivia dizendo para minha irmã que nossas tias queriam que ela frequentasse a igreja agora que morava ao lado. Assim ela poderia fazer coisas para se entreter, como bordados para caridade, cuidar dos doentes que iam até lá, entre outras atividades com as senhorinhas que frequentavam a igreja, mas ela falava para a Marta que não queria frequentar lugar cheio de velhinhas. Se fosse para cantar e dançar, ela até iria, mas só para rezar e fazer crochê, ela não queria, preferia bater papo com os jovens. Vez ou outra ela ia na Santa Teresa, mas não era exatamente para rezar...

A vovó tinha uma escultura enorme de Jesus no apartamento, e ela sempre colocava uma flor aos pés dele num pequeno vasinho. Minha mãe ficava intrigada com o fato de quase sempre ter uma flor fresquinha no lugar e um dia resolveu perguntar à minha avó onde ela arrumava somente uma florzinha.

Foi então que a vovó revelou o segredo. Ela ia na igreja, rezava um pouco para Santo Antônio e, antes de sair, tirava uma florzinha do vaso que ficava no altar dele, dava um beijinho nela e dizia, olhando para o santo, talvez para que ele não a encarasse com olhar de reprovação:

"Olha, tô levando uma florzinha daqui, mas não se preocupe, é para o seu chefe, viu?", e saía sem peso na consciência.

Na verdade, a vó Maria se arrumava mais para ir ao médico do que à igreja. De qualquer maneira, o santo remédio dela era bater perna e papo pelo bairro.

Tudo ia bem até que ela foi ficando doente e teve que vir morar com a gente. Morou por pouco tempo, só ficou um mês em casa.

Uma noite a gente acordou ouvindo-a gemer, parecia falta de ar ou coisa parecida, acho que ela teve uma embolia e foi um corre-corre até a ambulância chegar. Meu irmão foi esperar a ambulância na esquina da vila para não ter erro de passarem reto pela entrada, e naquela mesma madrugada ela morreu com quase todos a sua volta.

Ela sempre será a minha vozinha querida, uma das pessoas que mais amei na vida. Costumo dizer para o meu filho que, se existir anjo da guarda por aí, certamente é a vovó quem me protege.

Infelizmente mal conheci minha avó Linda, mas a vovó Maria, com sua alegria, certamente valeu por duas.

· 2 9 ·
MAIS UMA DO HOMEM DO SACO

O homem do saco era um mistério para nós. Ora ele passava doidão, agitado, balançando a cabeça como se falasse sozinho, ora ele passava mudo e calado e sentava-se embaixo da árvore que ficava na lateral da casa do Seu Almeida. Essa árvore era seu ponto de parada, sempre.

Vez ou outra ele passava direto, sem sentar, mas no geral ficava ali por meia hora pelo menos. E sempre acompanhado daquele saco de batata encardido. Não fazíamos ideia do que tinha ali.

E vocês podem imaginar que cada um de nós fantasiava várias situações escabrosas de crianças dentro daquele saco.

Ele passava geralmente de tardezinha, quando estávamos todos na rua brincando. Era só alguém gritar "O homem do saco está vindo", que todos nós ficávamos em estado de alerta para ter certeza de que ele iria se sentar ao pé da árvore. E, quando por lá ficava, continuávamos brincando, mas sempre daquele jeito: um olho no peixe e o outro no gato, assim, a qualquer movimento suspeito, o que ficasse de guarda dava um grito e todos corriam para dentro de casa.

Quando havia adultos conversando na rua, aí ficávamos sossegados e não nos escondíamos. Continuávamos a brincar. Especialmente se esse adulto fosse o Rubão, que, além de forte e grande, tinha cara de bravo.

Acho que o homem do saco não ia querer se meter em briga com ele.

Claro que às vezes aconteciam imprevistos nessa passagem do homem do saco pela rua. E um deles aconteceu com a Márcia, o Ricó e o Waner.

A gente adorava subir nessa árvore onde o homem do saco gostava de se sentar à sombra. Então um dia a Márcia, o Ricó e o Waner estavam brincando de subir na árvore. Se aboletaram lá em cima igual passarinho tagarelando sem parar, cada um no seu galho e sempre tentando ir o mais alto que conseguiam.

Num dado momento, eis que vira a esquina o homem do saco. Quando os três perceberam, ficaram paralisados e não sabiam o que fazer, então ficaram quietos e sem falar nada.

Mas criança é imprevisível em hora de desespero, e o Waner, que era menor, ficou com pânico de ser descoberto. Deve ter imaginado que o homem do saco ficaria lá embaixo eternamente esperando para pegá-los e, claro, o menor sempre se ferra nessas horas. A gente sabia que o homem do saco tinha um facão dentro daquele saco velho, pois uma vez um de nossos amigos, o Tato, começou a caçoar dele quando ele já estava no fim da vila, para sair. Ele gritava: "Fala aê, Rosinha", chamando-o de "florzinha", e nesse momento o homem do saco tirou um facão dali de dentro e começou a gesticular lá da ponta da rua.

Outra coisa que ele tinha também era um estilingue. E muitas vezes ficava ali nessa árvore tentando acertar passarinho. Quando a gente o via com o estilingue, mirando para todos os cantos, tínhamos certeza de que ele ia querer mirar na gente, mas o coitado nunca fez isso.

O Waner deve ter se lembrado do facão e do estilingue e, como estava morrendo de medo, achou melhor tentar uma fuga rápida.

O moleque deu um salto de gato lá de cima da árvore e caiu no chão em frente ao homem do saco, que mal teve tempo de entender o que acontecia, pois o menino saiu em disparada gritando loucamente.

O homem, então, olhou para cima e viu os outros dois passarinhos que não conseguiram fugir do galho, a Márcia e o Ricó.

É claro que eles também entraram em desespero depois que foram descobertos e fizeram a mesma coisa que o Waner.

Eles saltaram no capô do carro que estava estacionado ali embaixo e também saíram gritando em disparada com o coração mais do que acelerado. Coitados, falaram por muito tempo desse episódio, foi muito aterrorizante para eles, que tinham entre 8 e 10 anos.

No fundo, o homem do saco também deve ter tomado um susto daqueles quando começaram a despencar crianças da árvore.

E coitado do capô daquele carro, não faço a menor ideia de quem era, mas que a capota ficou amassada, disso eu tenho certeza.

Depois de um tempo, o homem do saco se levantou e seguiu seu caminho como sempre, mas as crianças pararam de subir naquela árvore nesse horário em que ele costumava passar por lá.

· 3 0 ·
MANIAS, COLEÇÕES E MAIS TRAVESSURAS

Gostosas são as lembranças de tudo aquilo que nos marca mesmo depois de tanto tempo. Basta sentir um cheiro ou ver uma foto que tudo vem à tona. Para mim, é impossível sentir cheiro de molho de tomate e não lembrar da minha avó Maria, por exemplo.

Sem contar todas as coleções que já citei entes, especialmente as da Coca-Cola, teve uma outra muito marcante. Eram os papéis de carta. Eu e minha pasta verde, com toda a minha coleção, éramos inseparáveis.

O bom é que na rua tinha muitas meninas, então acontecia uma troca geral, equivalente às figurinhas de futebol para os meninos.

Era um papel de carta mais lindo que o outro. Alguns a gente comprava por unidade, e outros eram blocos iguais a esses de anotações, então tínhamos vários repetidos para trocar. Era só arrancá-los.

Na minha lembrança, o mais especial deles, e dificilmente encontrado no Brasil, era uma coleção chamada Cabecinha de Cebola. Eram lindos os desenhos daquelas bonequinhas com a cabecinha comprida em cima, igual a uma cebola, e eles tinham de vários desenhos diferentes bem delicados.

Esses valiam por dois, a menos que se trocasse por outra cabecinha de cebola. Lembro que o pai da Márcia, o Seu Adibe, trazia dos Estados Unidos uns papéis de carta diferentes, e eles eram a sensação.

Outros que faziam sucesso eram os do Snoopy. Eram muito fofos e difíceis de encontrar aqui ou muito caros.

E tinha também um tipo de papel com desenhos de mulheres antigas, com aqueles vestidos rodados que iam até o pé, cada uma com um chapéu mais lindo que o outro, com laços enormes e, muitas vezes, traziam aquela sombrinha toda fru-fru. Devia ser bem na época em que passava na rede Globo a novela *A Moreninha*, onde as mulheres estavam sempre andando à beira de um lago com esses vestidos e suas sombrinhas para protegê-las do sol.

Eu achava a coisa mais linda, dava vontade de entrar naqueles papéis de carta.

E eles não eram apenas para meninas. O Marcelo queria tanto participar que ele trocava cartões de Natal por papéis de carta. E eu adorava os cartões que ele tinha. Acho que ele era o único menino que gostava de entrar na brincadeira.

Guardei essa pasta até meus 30 e poucos anos, e então dei para a minha enteada Marina quando ela tinha 7 anos.

Tínhamos também várias manias, pois, com tanta criança, o que não faltava era criatividade. Estávamos sempre inventando brincadeiras ou pensando no que fazer. A única coisa que não fazíamos era ficar parados. Tédio era uma coisa desconhecida para nós.

Fazíamos suquinho para vender na esquina da vila e faturar uns trocados. A Márcia inventou um tipo de suquinho diferente que ela colocava dentro de um saquinho e chamava de sacolé. Não lembro se ele era congelado.

Outra brincadeira bem legal no verão era encher a frente de casa com água e detergente ou sabão em pó para ficarmos escorregando de um lado para o outro. O bom é que nunca ninguém se espatifou ou se ralou no chão.

E quando caíam aqueles temporais, também no verão, saíamos correndo para as casas que tinham uma laje em cima da garagem e ficávamos debaixo dos canos por onde escoava a água. Pareciam bicas, e adorávamos ficar ali brincando de tomar banho.

Fazíamos também os campeonatos de saquinho, outra mania nossa. Eram cinco saquinhos feitos de tecido com arroz ou areia dentro, mais ou menos do tamanho de uma bala Juquinha. Então você vai fazendo vários malabarismos. Enquanto joga um saquinho para cima, é preciso fazer manobras rapidamente com os outros que estão embaixo, sem deixar o primeiro saquinho cair. Era preciso ser bem ágil. Não sei por quê, mas as meninas tinham mais habilidade para brincar do que os meninos. Esse jogo também é conhecido como 5 Marias hoje em dia, mas para a gente sempre foi saquinho mesmo.

Outra brincadeira bem legal que eu fazia em casa com meus irmãos era pegar o colchão da bicama do meu irmão, que era um pouco mais fino e molinho, e colocar no andar de cima da casa, na beira da escada. Descíamos os três escada abaixo, batendo o traseiro no chão. Inclusive já deixávamos a porta aberta, porque terminávamos ao pé da escada e tínhamos que pular para o lado, ou daríamos de cara com a parede, então, com a porta aberta, já dávamos um pulo para a frente de casa.

O incrível é que também nunca nos machucamos, e fazíamos isso quando meus pais não estavam em casa. Uma vez, meu pai chegou tão cansado do trabalho que pegou no sono na mesa da sala, depois que eu e minha irmã fizemos o nosso tradicional concurso de descabelar o meu pai. Fazíamos chuquinha no cabelo, colocávamos bobs, às vezes fivela, ou simplesmente ficávamos fazendo penteado e ele adorava, pois parecia cafuné, tradição que os netos também fizeram com ele. Só sei que nesse dia, de tanto "cafuné", ele capotou na mesa mesmo, com os braços cruzados e a cabeça debruçada em cima das mãos.

O tradicional momento de mandar a gente dormir não aconteceu.

E, enquanto ele ficava com a gente, minha mãe tinha ido a uma reunião na escola. Quando ela voltou, achou que já estaríamos na cama, pois ele era bem metódico com o horário de dormir, além de fazer com que colocássemos ordem na bagunça antes de deitar.

Para surpresa dela, já tínhamos desmontado a casa, fazendo cabanas de lençóis por cima das cadeiras e colocando embaixo todas as almofadas espalhadas.

Assim que ela entrou, estávamos no meio do tobogã. Ela não acreditou naquela baderna toda, ainda mais com o meu pai capotado. Fez a gente arrumar tudo e tocou rapidamente a gente de lá, antes que meu pai acordasse e ficasse bravo.

A gente foi rapidinho para o quarto. Mal sabia minha mãe que essa era uma brincadeira bem frequente quando ela saía.

Brincadeiras à parte, existia também o momento gostosuras.

Tinha um rapaz que passava de motoca e na garupa carregava uma caixa azul enorme cheia de pães doces. Tinha rosca de creme, trança de coco, sonho, aquele pãozinho de leite que é bem macio, entre outros tipos de gostosuras. Era tudo uma delícia.

Tinha também o moço que vinha em uma bicicleta, ele já trazia doces diferentes. Estavam mais para biscoitos. Tipo goiabinha, sequilhos e um que a gente amava e fazia o maior sucesso, o mantecal. Acho que ele era meio amanteigado. Muito bom.

Tinha o nosso amigo sorveteiro. Na realidade, eram três: o carrinho da Kibon, o da Gelato e, se não me engano, o carrinho da Yopa. Todos eles vendiam outras guloseimas que ficavam em caixinhas em cima do carrinho. Lembro bem do chiclete Ploc e de uns pirulitos em formato de chupetinha ou de bolinha. Também tinha dadinho e às vezes paçoquinha.

Uma coisa que eu adorava ver passar e de vez em quando ainda vejo na rua era a moça que vinha puxando o carrinho de Yakult. Os famosos lactobacilos vivos. Eu tinha a maior aflição quando lia sobre lactobacilos vivos. Acho que eles me lembravam os Kikos Marinhos.

Imaginava umas criaturinhas ali dentro, mas eu nem pensava muito, senão não tomava.

O problema era que diziam que só podia tomar um ao dia, e eu e meus irmãos não resistíamos e tomávamos dois. Nunca aconteceu nada...

Na época não se comprava Yakult em supermercado como tem hoje.

Era muito boa essa pausa da tarde para comermos todas essas guloseimas. Não havia travessura que resistisse ao chamado de um desses vendedores que por lá passavam. Alguns vinham com a corneta, e de longe já ouvíamos o som que era o prenúncio de nossas tardes açucaradas.

·31·
A CATAPORA, O SARAMPO, O PIOLHO E O JOÃOZINHO

Assim como nós, crianças, tínhamos nossas manias de colecionar coisas ou inventar brincadeiras, as nossas mães também tinham suas próprias manias.

Quando a mania era com elas mesmas, tudo bem, ainda passava. O problema era quando a mania delas era com a gente.

Por exemplo, a mania dos bobs e do lenço na cabeça era quase uma unanimidade na época. Quem viveu a infância na década de 70 e 80 com certeza teve uma mãe que costumava enrolar o cabelo com bobs e depois colocava um lenço chique na cabeça, e saía assim para ir às compras ou até para pegar os filhos na escola.

Hoje elas negam que faziam isso, mas faziam, sim.

Agora vou contar algumas manias que elas tinham com a gente.

Bastava um filho pegar catapora e começar a se empipocar inteiro que, em vez de a criança ficar meio isolada, era ao contrário. Punham todos os filhos juntos e no mesmo quarto para que um pegasse logo a doença do outro. Minha mãe dizia que, segundo o Dr. Alberto, nosso pediatra, esse era o certo a ser feito.

E às vezes não bastava a gente ficar encubado junto, os vizinhos da frente, como eram praticamente nossos irmãos e nossas casas eram extensão uma da outra, vinham pegar catapora junto com a gente.

Assim, podíamos continuar zanzando de uma casa para a outra sem problema nenhum. Ora a gente ia tomar café e comer as torradas que o Leslie, que era inglês, pai do Mike, da Vivian e da Vanessa, preparava com a geleia de laranja feita pela Dona Margerie, e também comer o bolo inglês que a Amélia, a mãe deles, sabia fazer muito bem; ora eles vinham comer em casa.

A mania da catapora só não valia também para o sarampo. Ainda bem que essa eu nunca peguei, nem caxumba, mas minha irmã pegou.

Vamos ao piolho. Essa mania delas com o piolho era pior do que a catapora, porque causava um enorme dano colateral. Ao menos para mim e para a Vanessa. Inclusive tenho registros em fotos que não me deixam mentir. Era só um começar a coçar a cabeça, que lá vinham nossas mães procurar lêndeas em nossos cabelos. Não bastava saber que você tinha piolho, na época minha mãe mandava a gente colocar na cabeça um pó branco tipo talco, era um remédio meio fedorento chamado Neocid. Nem sei se existe isso hoje. Naquela época não tinha algo como o shampoo Kwell.

Além de colocar aquele talco, ficávamos com uma touca de banho na cabeça por um bom tempo. Claro que não dava para sair na rua e correr o risco de escutar alguma criança gritando: "Piolhenta! Piolhenta!".

Agora vamos ao efeito colateral do piolho. Minha mãe e a mãe da Vanessa simplesmente passaram a tesoura em nossos cabelos e ficamos joãozinho.

Eu fiquei arrasada, pois adorava meu cabelo comprido e eu era bem vaidosa. Fiquei parecendo um menininho mesmo.

Lembro de ser um pouco maior e reclamar com minha mãe ao olhar fotos, dizendo que era um absurdo elas cortarem nosso cabelo daquele jeito, mas ela disse que era por causa do piolho... então reparei que na mesma época o cabelo da minha irmã estava todo comprido e bonitinho, sem contar que ela já era bem lindinha, e tanto a Marta quanto a Vivian também tinham pegado piolho. Como ela não teve explicação para justificar o fato, respondeu muito despreocupadamente que devia ser moda na época...

Fiquei muito brava, pois a Marta já era mais bonita que eu, então ainda ter o cabelo joãozinho era sacanagem, mas ela nem ligou, pois quando eu reclamei meu cabelo já estava comprido novamente e era bem bonito. Meu primo Carlos era apaixonado por ele. Não gostava quando eu queria cortá-lo.

E a outra mania que as mães tinham era de cortar o nosso cabelo em casa. Como eu usava franjinha que crescia muito rápido e toda hora estava incomodando a vista, minha mãe passava a tesoura na franja. Mas, para "tentar" cortar retinha, eu tinha que molhar a franja, e quando ela secava dava uma encolhida natural, então a franja, que era para ser em cima da sobrancelha, estava no meio da testa. Eu ficava parecendo uma indiazinha, mas eu detestava, porque, além de a franja ficar muito curta, ficava completamente torta. Acho que o senso de direção da mão canhota de minha mãe não era muito bom para lidar com a tesoura...

· 3 2 ·
OS BAILINHOS

Foi chegando uma fase em que, além de brincadeiras tanto inocentes quanto levadas, que por vezes infernizavam a vida de alguns vizinhos, como o coitado do Seu Abelha e sua campainha, que tocávamos incessantemente, também tivemos os momentos mais românticos.

Não chegava a ser romântico do tipo ouvir Roberto Carlos, como gostava de fazer a nossa vizinha Valquíria.

Eram momentos disco, típicos da época.

Os bailinhos aconteciam na casa da Márcia e havia todo um preparo para decorar o ambiente. Ela grudava uns pôsteres na parede tipo os da Olivia Newton-John. Sem falar nas luzinhas de Natal penduradas que eram usadas para dar um clima de boate.

As músicas eram do John Travolta, par romântico da Olivia Newton-John no filme *Grease – Nos Tempos da Brilhantina*. E também adorávamos escutar a banda Supertrump. Eram músicas muito legais de dançar.

A Márcia tinha ainda um vinil da Excelsior – A Máquina do Som, com os hits da nossa geração, os anos 80. Lembro direitinho que o centro do disco era um desenho de espiral verde e azul, desses que parecem feitos para hipnotizar as pessoas. E esses discos de vinil eram tocados numa vitrola vermelha bem típica da época também. Daquelas portáteis, que a tampa fecha e vira uma espécie de maleta que você pode carregar para todo canto.

Não podiam faltar os comes e bebes, que eram divididos entre todos nós. Os meninos eram responsáveis por levar os salgados e mais um refrigerante cada um. Já para as meninas ficavam os docinhos e o suco. O que não faltava era variedade, e todos colaboravam.

Tudo era feito e organizado durante o dia, aí nos restava ir brincar até chegar o momento de nos prepararmos para o bailinho.

Todo mundo queria estar de banho tomado e cheiroso, vestido de forma apropriada, e não daquele jeito desleixado, que vivíamos durante o dia.

Apesar de ninguém namorar ninguém na rua, era sempre uma sensação saber que teríamos que fazer par para dançar.

Tinha músicas que se dançava separado, cada um com seu par, mas um em frente ao outro, e tinha músicas mais lentas, daquelas em que tínhamos que dançar juntos, meio abraçados e às vezes até de bochecha colada.

E isso dava um certo frio na barriga para os mais tímidos.

Para começar, em uma parede ficavam encostadas todas as meninas e, na outra, todos os meninos. Não lembro exatamente se o par era aquele que estava à nossa frente ou se os meninos tiravam as meninas para dançar.

O que eu me lembro é que fazíamos uma brincadeira enquanto dançávamos. Chamávamos de a "dança da vassoura".

Era assim que funcionava: todos faziam seu par, e a brincadeira era feita se o número fosse ímpar e sobrasse sempre uma pessoa.

Essa pessoa que estava sobrando ficava com uma vassoura e, após passar uma música inteira dos pares dançando, ela escolhia alguém e passava a vassoura para o par da pessoa com quem ela queria dançar.

Esse menino ou menina teria que esperar novamente a música acabar para fazer a mesma coisa, só não valia voltar ao par anterior. A vassoura teria que passar por todos.

E assim os pares iam se misturando. Era muito divertido. Às vezes, parávamos de dançar e só ficávamos de papo, mas a música continuava sempre rolando. Não me lembro se alguma vez alguém saiu namorando dali. Só lembro que o Ado era o galã da rua.

E, enquanto aquele disco da Excelsior girava, nossa alegria era embalada pelos melhores clássicos da época. E é claro que, às vezes, no final, tudo podia terminar em polícia e ladrão. Era como se virássemos uma chavinha e em segundos estávamos correndo pela vila uns atrás dos outros para terminar nossa noite. O romantismo sempre podia dar lugar à molecagem novamente. Aquilo estava no nosso sangue.

Bons tempos aqueles.

· 3 3 ·
O PARALELEPÍPEDO E O ASFALTO

A vila passou por algumas transformações ao longo dos quase 30 anos em que morei lá.

Quando eu nasci, e em boa parte da minha infância, a rua era de paralelepípedo. E essa palavra enorme era um exemplo de acentuação proparoxítona que aparecia nas aulas da escola, logo que começávamos a aprender gramática.

Voltando ao que interessa, além de paralelepípedo nas ruas, não havia esgoto. As casas tinham fossas que ficavam na parte da frente das casas, onde era a garagem, e tinha uma tampa que pertencia à fossa quando ela precisasse ser limpa.

De vez em quando vinha um caminhão limpar as fossas, mas uma coisa de que me lembro é que, quando uma casa ou outra parecia estar com problema, tinha um moço, o Seu Vicente, um tipo de pintor e faz-tudo na rua, que vinha abrir a fossa da casa para dar cabo do problema, e esse era um evento meio nojento, mas adorávamos participar.

Sentávamos na mureta da casa em questão e ficávamos vendo-o abrir a tampa para descobrir o que acontecia ali, mas muitas vezes (e agora vem a parte escatológica) saíam baratas de lá de dentro para todos os lados. Dava até coceira de ver aquele monte de baratas se espalhando. E o pior estava por vir. Depois de matá-las, a gente dava essas baratas para a coruja do Alê fazer o seu banquete.

O Alê era aquele vizinho da outra vila que queria ser biólogo, igual ao pai, e colecionava bichos, como aquela caranguejeira que fugiu do aquário e foi parar no travesseiro do Mino, irmão dele, e a jiboia que eu vi comer o pequeno camundongo num bote só.

Sem falar que ele também tinha um formigueiro, e esse era bem legal de ver. Eram como dois aquários ligados por um cano no meio, e as formigas iam de um lado para o outro levando terra ou comida.

Bom, antes de colocarem asfalto, gostávamos de ficar escavando no vão do paralelepípedo para desgrudá-lo do chão, mas fazíamos isso num canto da rua, próximo à casa da Márcia e da Hari, mãe da Kateri, nossa amiga, e do Luis.

Certa vez, escavamos tanto que tiramos vários paralelepípedos do chão e acabamos formando um círculo sem paralelepípedos, apenas com a areia que estava embaixo deles.

Colocamos os paralelepípedos num canto da calçada para depois recolocá-los. Dentro desse círculo fazíamos uma brincadeira. Duas pessoas ficavam no centro, e uma delas colocava uma camiseta presa na parte de trás do cós da calça, como se fosse um rabo. Quem estivesse sem a camiseta tinha que tentar arrancá-la do outro.

Íamos fazendo rodízio conforme o perdedor saía do círculo.

Depois veio a notícia de que fariam o esgoto na rua e, em seguida, ela seria asfaltada. Eu devia ter por volta de uns 8 anos quando isso aconteceu.

Foi um evento também.

Quando arrancaram os paralelepípedos, fizeram valas enormes para colocarem os canos do esgoto. Só que, antes de colocarem os canos, entrávamos nas valas para brincar e percorrê-las de cabo a rabo.

Quando abriram o fosso que tinha no canto da rua, perto da casa da Márcia, onde antes brincávamos de tirar os paralelepípedos, vimos que havia uma escadinha e que dava para descer. Claro que ele já estava seco e sem nada, mas, ao descer, a Márcia encontrou uma camisinha e não fazia a menor ideia do que era aquilo. Até que um dos meninos mais velhos foi contar para o que servia e foi aquele auê.

Feito o esgoto, veio a máquina do asfalto para fazer primeiro a outra vila.

Foi muito bacana ver esparramar uma gosma preta no chão e ficar observando aquela máquina gigante passando um rolo enorme para deixar o asfalto todo retinho e uniforme. Depois aquela parte ficou interditada até que secasse, para só então fazerem o nosso lado da vila.

O marco de tudo, e que com certeza está na lembrança de todos os que moraram lá nessa época, foi o dia em que acordamos e a rua já estava prontinha, o asfalto seco e aquele cheiro forte que indicava novos tempos.

Esse dia foi muito legal, pois todos nós saímos em bando para brincar. Uns saíram de bicicleta, outros com patinete, e também tinham os patins, que só davam para andar na marquise do Ibirapuera na época do paralelepípedo.

Com a bicicleta ainda era possível andar naqueles pedregulhos irregulares de antes, mas era muito difícil no começo, tínhamos que fazer muita força.

Era uma delícia deslizar naquele terreno plano e andar de bicicleta em bando. Ficávamos rodando em turma, dando voltas e mais voltas nas duas vilas. Era um programa e tanto.

E ainda vieram as outras brincadeiras, como desenhar jogo de amarelinha, caracol e qualquer outra diversão que o giz e até o tijolo permitissem à nossa imaginação.

Começaram os campeonatos de taco, que ocupou boa parte da nossa infância, com partidas acirradíssimas entre a criançada. Lembro-me também de um brinquedo que era um sucesso, chamado bate-tênis. Meu pai me deu e eu amava, porque na época eu tinha aula de tênis e era um bom treino.

Era uma espécie de peso que ficava no chão em formato de um casco de tartaruga, e no topo dele ficava preso um elástico comprido com uma bolinha de tênis na ponta, então você podia bater e rebater sozinho.

O que no asfalto era impossível passou a fazer parte de novas brincadeiras.

Era o progresso aliado à nossa criatividade e à vontade de ocupar cada cantinho daquela rua que nos pertencia.

O asfalto cobriu o restante de nossa infância de pura aventura e alegrias.

· 3 4 ·
FESTA JUNINA

A festa junina era um acontecimento na vila. Um momento em que todos colaboravam para fazer da festa uma grande confraternização entre os moradores. E, hoje, certamente é uma lembrança muito gostosa na memória de todos que lá moraram.

Vou falar dos preparativos de que me lembro, de quando eu já era um pouco maior e conseguia me lembrar bem. Minha mãe fala da festa quando nós, crianças, ainda não participávamos dos preparativos e só curtíamos.

E desse período eu não me lembro dos momentos que antecediam, mas apenas do dia da festa.

Conforme fomos crescendo, começamos a participar mais.

Tínhamos um amigo que morava na Rua Leopoldo bem em frente à entrada da vila, mas vivia lá na rua brincando com a gente. Ele se chamava Caciporé. A casa dele tinha um portão de ferro todo trabalhado, parecia uma escultura, era bem legal e diferente. O portão era feito pelo pai dele, um grande artista plástico até hoje, também chamado Caciporé.

Não lembro bem se era em frente ou dentro da casa dele que a Márcia e o Marcelo iam pegar bambus para a confecção do portal de entrada da festa.

Era feito um arco de bambu e em cima se escrevia "Arraiá da Vila".

As bandeirinhas eram confeccionadas uma a uma pelas crianças, milimetricamente cortadas com papel de seda das mais diversas cores. Depois eram todas coladas em um barbante para que pudéssemos pendurá-las. A rua inteira era cheia de postes de luz dos dois lados, e as bandeirinhas faziam um zigue-zague de um poste a outro de cada lado da calçada. Ia quase da esquina, onde estava o portal, até a parte do U da rua que também era enfeitada.

Era uma delícia ver aquelas bandeirinhas todas anunciando a festa.

Não me lembro muito bem de onde, mas o Marcelo e a Márcia traziam uma placa de zinco para podermos montar a fogueira sem que estragasse o asfalto.

O mais gostoso da fogueira, além da roda de conversa que fazíamos em volta dela naquele friozinho, era colocar espiga de milho espetada no fogo e batata-doce para assar, enrolada no papel-alumínio.

A Isaurinha, mãe do Mau, da Dani e da Rê, era quem cuidava das finanças para podermos comprar tudo o que era preciso. Tudo era calculado. Recebíamos o orçamento com os custos e depois dividíamos esse valor entre todos os participantes.

Tinham barracas montadas pela rua toda, feitas com cavaletes de madeira e aquela tábua enorme por cima tipo um pranchão, que depois era coberta com toalhas de tecido xadrez.

Tudo o que era guloseima estava dividida entre elas.

Nas barracas de doce podíamos comer paçoquinha, pé de moleque, doce de batata-roxa, doce de abóbora, canjica, arroz-doce, maria-mole, cajuzinho e muitos outros docinhos gostosos.

Tinha vinho quente, quentão, pinhão, mas isso quem gostava mais eram os adultos.

Uma barraca que fazia sucesso era a do churrasco, com todas aquelas carnes gostosas que comíamos sem parar no pãozinho.

E, claro, não podiam faltar minicachorro-quente, pipoca e alguns salgadinhos.

Tinha também as brincadeiras típicas das festas juninas: a corrida do saco fazia o maior sucesso, e sempre tinha alguém desajeitado que se esborrachava no chão. Tinha a pesca na caixa de areia para quem era bom de mira, jogo de argola, colocar o rabo no burro e uma outra brincadeira que adorávamos fazer em duas versões com maçã:

– Na primeira versão, a maçã ficava pendurada em um barbante, e ganhava aquele que conseguisse abocanhá-la, o que eu nunca consegui e que crianças em geral não conseguiam.

– Na segunda versão, a maçã ficava dentro de uma bacia de água. Era difícil tentar abocanhá-la porque ela saía rodando e muitas vezes a gente ia de cara na água. Também era difícil para as crianças, mas era muito divertido.

A festa era muito alegre. Todos ficavam brincando nas barracas, comíamos sem parar o quanto nossa gula permitisse, participávamos da quadrilha, que era a maior diversão, escutávamos música caipira a noite toda e muitas vezes íamos para as nossas brincadeiras tradicionais pela rua, enquanto os adultos ficavam batendo papo na fogueira. Com o tempo fomos virando adolescentes e também nos juntávamos a eles e ficávamos nos lembrando de todas as nossas peripécias por ali. E, quando já estávamos maiores, os adultos já não ficavam tanto na fogueira, ficavam apenas os mais jovens.

Falando em peripécia, o Flecha adorava a festa, pois o que ele ganhava da carninha do espetinho e aquela gordurinha da picanha não era brincadeira.

Acho que era o que mais lambia os beiços por lá e estava sempre de rabo abanando.

A festa ia até bem tarde; tinha sempre duas ou três pessoas que ficavam madrugada adentro conversando na beira da fogueira até que ela se apagasse.

Mas, antes de chegar nesse estágio final, tudo era recolhido e guardado.

A segunda melhor parte era o dia seguinte, pois pegávamos tudo o que havia sobrado da festa e fazíamos um grande almoço com churrasco e todas as guloseimas para nos empanturrarmos de novo.

Ou seja, a festa começava no final da tarde, quase à noitinha, no sábado, e terminava no fim da tarde do domingo.

Conforme crescemos, começaram a participar da festa amigos da outra vila, os namorados de quem já havia entrado nessa fase, e assim a tradição foi sendo mantida.

É uma lembrança muito boa que tenho dessas festas de São João.

Dava um vazio quando tudo era guardado, mas tudo bem, porque nos anos seguintes essas alegrias se repetiriam por muitas e muitas vezes.

· 3 5 ·
O FLECHA E O JANJÃO

Como já mencionei, o Flecha era um cachorro querido de todo mundo. O cachorro que virou o símbolo da rua. Fazia tantas peripécias quanto nós, crianças.

Ele chegava a ser um faz-tudo. Companheiro e pau para toda obra.

Dormia com meu irmão e muitas vezes, quando íamos acordar o Fabio, o Flecha estava dormindo no tapete ao lado da cama na mesma posição que meu irmão.

Se o Flecha ficasse para dentro de casa quando nós saíamos à rua, ele logo tratava de subir na poltrona e pulava rapidamente pela janela da sala que deixávamos meio aberta justamente para isso.

Ele era muito companheiro da gente. Aos domingos adorava ir na Cidade Universitária correr por ali enquanto andávamos de bicicleta. Na praia, era louco para cavar buraco na areia, e isso era ótimo, uma superajuda quando queríamos construir um castelo. Entrava no mar com a gente e tinha o bando de cachorros dele para aprontar.

Na rua, além de perseguir e latir para todos os carros que entravam ou saíam da vila, ele era muito destemido para caçar, especialmente ratos.

Acho que puxou isso do meu irmão, que gostava de sair com um vizinho, que tinha uma espingardinha de chumbo, para irem no Córrego do Sapateiro, um córrego que passava dentro de um terreno baldio bem na curva do U da outra vila. Esse terreno era fechado com tapume, mas tinha uma portinha que o Fabio e esse amigo abriam para atirarem nos ratos. Eca!! Certamente o Flecha ia atrás.

E também tinha um centro espírita na esquina da rua, onde gostávamos de entrar na época em que estava meio abandonado ou em construção, e não éramos apenas nós a correr por lá, o Flecha também ia para marcar território.

Quando falei que muitas vezes o Flecha era a solução para um problema, é porque era mesmo.

A Márcia tinha um coelhinho muito fofo que ficava solto no quintal da casa dela; o nome dele era Janjão. Um belo dia, um gato pulou o muro e começou a perseguir o Janjão. Apesar de o coelho ser um bichinho muito rápido, o gato, além de igualmente rápido, é bem mais ágil.

Foi o maior fuzuê para tentar tocar aquele gato dali, mas ele sempre acabava voltando quando o Janjão estava solto. Era questão de tempo para ele virar comida de gato. Foi então que, numa dessas empreitadas do gato, a Dona Rosemê, mãe da Márcia, falou:

"Filha, chama o Flecha".

E lá foi a Márcia atrás do Flecha. Logo ele estava dentro da casa dela.

Ele também era louco para matar gatos, o que fez a cena que se seguiu parecer desenho animado. O Flecha começou a correr atrás do gato, que estava correndo atrás do coelho, que estava correndo para salvar seu lindo pelo macio das garras daquele felino. Não lembro se o gato fugiu e não voltou mais por causa do Flecha ou se o Flecha acabou matando-o.

Eu lembro que ele matou alguns gatos na rua, mas não lembro o desfecho desse dia, só sei que o Janjão se livrou do gato, ou o Flecha o livrou do mal.

Certa vez, apareceram dois filhotes de gato na rua, e a Maria José, a moça que trabalhava lá em casa, teve a infeliz ideia de colocar leite na vasilha do Flecha para dar a eles. Estávamos todos em volta dos gatinhos na frente de casa, vendo-os beber aquele leite geladinho, quando o xereta do Flecha viu a criançada toda ali e ligou o seu radar. Ele avançou direto nos pobres filhotinhos, mas conseguimos segurá-lo pela coleira que ele usava e tiramos os gatinhos de lá.

Quando ele ficava latindo para o poste, era certo que tinha algum gato agarrado ali no alto.

Bom, a parte mil e uma utilidades do Flecha não parou no episódio do Janjão. Apareceu um ratão na casa da Márcia, mas foi impossível tentar caçá-lo, porque o rato corria muito e o quintal dela era grande.

De novo a Dona Rosemê veio com a solução: "Chama o Flecha". E assim era o nosso cachorro. O vira-lata da vila inteira.

· 3 6 ·
O MENINO DA VILA

Fui crescendo, virei adolescente; muitos amigos meus, dos meus irmãos e namorados de nós três viveram de alguma forma nessa casa, pois todos vinham comer as pizzas que minha mãe fazia religiosamente aos sábados. Ela preparava a massa, coisa que aprendi com ela depois, porque, apesar de não ser boa de cozinha como minha avó e minha irmã, massa é uma coisa que, segundo minha mãe, eu tinha mão boa para fazer.

Havia todo o ritual e o tempo de preparo da massa. Era farinha para todo lado, e depois ainda tinha o tempo de espera para que ela crescesse. Lembro que em dias frios a massa não ficava tão gostosa, não crescia igual, mas não sei explicar o porquê.

Tinha o processo da escolha dos tomates, que precisavam estar bem maduros. Comprávamos tomates e mais tomates para preparar o molho, queijos de todos os tipos: muçarela, provolone, gorgonzola, catupiry e outros ingredientes como calabresa, presunto etc., assim assávamos pizzas de todos os sabores. O Renato, amigo do Fabio até hoje, sempre trazia um vinho quando aparecia em casa, e a coisa que ele mais adorava era ficar sentado à mesa por horas batendo papo com meus pais.

Ele lembra bem desses encontros até hoje. Eles eram como irmãos, e ele era o xodó entre os amigos do Fabio.

Bom, no quesito assar a pizza, minha mãe tinha uma panela muito especial. Ela parecia um disco voador e era cheia de furos na tampa.

A pizza ficava uma maravilha. Assim é a minha lembrança dessas pizzas; talvez ela até seja mais gostosa ainda na minha memória, pelo prazer que era estarmos sempre reunidos em torno dela. Era o aperitivo antes de irmos para uma festa ou a surpresa boa que nos esperava na volta da balada de madrugada.

E o melhor de tudo era comer a pizza fria na manhã seguinte.

A gente amava fazer isso. Tanto que minha mãe até já deixava assada uma extra, depois que todos estavam satisfeitos, só para podermos comê-la fria de manhã.

Mais da metade da minha vida aconteceu ali. Todos os meus namorados passaram por essa casa na vila, cada um com a sua história, do primeiro deles ao último namorado, com quem me casei e que é pai do meu filho Gabriel.

Aos poucos a casa foi ficando vazia. Quando eu tinha 15 anos, meus pais se separaram. Alguns anos depois, meu irmão já estava formado, trabalhando, e foi morar sozinho. Passado um tempo, minha irmã se casou, logo teve meu sobrinho Daniel, que passou parte de sua infância na vila, já que vinha quase todos os dias visitar a vovó Anna.

O Dani brincava muito com a filha da Kateri, amiga nossa que também se casou e trazia a filha para ver a mãe.

Depois, minha mãe resolveu que queria sair da casa para morar na Vila Madalena, próximo à escola de Yoga onde ela era professora.

Então meu irmão quis voltar a morar lá, e eu não quis ir junto para a Vila Madalena. Ficamos eu e o Fabio, mas morei por pouco tempo com ele, logo fui morar sozinha. Nos dávamos muito bem, as brigas de adolescentes já não existiam mais e éramos bem companheiros um do outro.

Viajávamos muito juntos para Ubatuba e Maresias.

Meu irmão se casou com a Luciana, sua namorada de muitos anos, e eles tiveram os dois filhos lá na vila.

A Isabella, a mais velha, brincava bastante com o filho da Adriana, que também foi nossa amiga de infância. O Luca veio uns dois anos depois, mas ele não tem lembrança da vila, pois eles logo se mudaram para Alphaville, quando ele tinha uns três meses de idade.

De qualquer forma, os filhos do Fabio nasceram na mesma casa em que o pai morou a vida toda.

Só meu filho Gabriel não conheceu a vila, mas ouvia suas histórias desde pequeno.

Por um tempo minha mãe colocou a casa para alugar, e depois ela e meu pai resolveram vendê-la.

A vila tem muitas outras histórias para contar. Eu poderia continuar escrevendo muito mais lembranças e peripécias de nossa infância, mas, na realidade, eu quis contar o por que escrevi essas memórias.

Sei que a infância que eu tive foi muito diferente do que se vê hoje em dia. Não estou aqui querendo dizer que foi melhor ou pior, nem passar nenhuma lição de como brincar.

Praticamente não existem mais vilas (embora essa vila, especificamente, ainda exista) e há cada vez menos casas, enquanto cresce o número de prédios e condomínios.

Hoje, praticamente não vemos crianças na rua, muito menos brincando.

Claro que as crianças que moram em prédios acabam tendo o seu grupo de amigos ali ou no clube, se são sócias de algum, mas brincadeira na rua, de maneira tão livre como tivemos, não existe mais.

Meu filho nasceu numa casa grande, com piscina, bastante espaço para brincar e ali dentro ele fazia de tudo. Colocava a casa de pernas para o ar, pois era uma criança alegre e com muita imaginação.

De um jeito diferente, teve uma infância totalmente livre, tanto na casa quanto na fazenda, onde passou toda a sua infância com algumas crianças que moravam lá, filhos dos funcionários, ou com os filhos da Marta e do Fabio, seus primos, que sempre iam com a gente.

Além, é claro, de estar sempre rodeado de animais, o que ele amava.

Íamos religiosamente todos os finais de semana até o interior e ainda passávamos as férias todas de julho, dezembro e janeiro.

A casa em que ele nasceu tem o muro muito alto, ele não via a rua e, quando saía, era sempre dentro do carro. Vez ou outra caminhávamos pelo bairro com o cachorro, mas não era a mesma coisa de sair na rua com sua turma, da maneira que eu e meus irmãos fazíamos, nem como o pai dele havia crescido, na vila em que morou no Brooklin.

Ver a percepção do meu filho ao escutar as histórias de nossa infância na vila, de como isso foi uma infância tão diferente da dele, volto a repetir, nem melhor nem pior, apenas uma infância mais livre, com menos eletrônicos e mais molecagem, já que vivíamos soltos numa rua rodeados de criança, foi o que realmente me mobilizou a fazer não somente um simples registro, mas um livro mesmo.

Na infância dele, antes de pensar em escrever este livro, eu já escrevia outras histórias para ele, com situações do seu universo que eu presenciava, das suas descobertas, de observar sua imaginação etc. Publiquei alguns livros infantis pela Companhia das Letras, todos inspirados nessas vivências dele, e criei O Pequeno Leitor (www.opequenoleitor.com.br), um site de incentivo à leitura para crianças, com todas essas historinhas.

Portanto, dedico este livro especialmente à minha maior inspiração nessa vida para escrever; meu filho Gabriel, o meu menino da vila. Não da vila em que eu nasci, mas sim porque é apaixonado por futebol e fanático pelos meninos da Vila, o Santos, que é o seu time de coração.